농업 변동의 계급 동학

The Class Dynamics of agrarian Change
by Henry Bernstein

Copyright © 2009 by Henry Berstein

First published by Fernwood Publishing, Halifax – Canada
Korean Translation Copyright © 2018 Tabi Publishing Co.
Korean edition is published by arrangement with Fernwood Publishing Co. Ltd.
through Corea Literary Agency, Seoul

농업 변동의 계급 동학

지은이 헨리 번스타인
옮긴이 엄은희 · 권오범
초판 1쇄 발행 2018년 5월 25일

펴낸곳 도서출판 따비
펴낸이 박성경
편집 신수진, 차소영
디자인 이수정

출판등록 2009년 5월 4일 제2010-000256호
주소 서울시 마포구 월드컵로28길 6 (성산동, 3층)
전화 02-326-3897
팩스 02-337-3897
메일 tabibooks@hotmail.com
인쇄 · 제본 영신사

* 잘못된 책은 바꾸어드립니다.

ISBN 978-89-98439-47-7 03330

값 14,000원

이 도서의 국립중앙도서관 출판예정도서목록(CIP)은 서지정보유통지원시스템
홈페이지(http://seoji.nl.go.kr)와 국가자료공동목록시스템(http://www.nl.go.kr/kolisnet)에서
이용하실 수 있습니다.(CIP제어번호: CIP2018014478)

따비 스터디 002

농업
변동의
계급
동학

헨리 번스타인 지음
엄은희 · 권오범 옮김

따비

ICAS의 '농업 변동과 소농 연구 시리즈'에 관해

'비판적 농업 연구 이니셔티브ICAS'가 발행하는 '농업 변동과 소농 연구 시리즈'는 "중요한 이슈를 작은 책에 예술적으로 담기"를 지향한다. 전문적인 국제 농업개발 이슈를 다룬 시리즈의 개별 도서들은 다음의 주요 질문에 따라 전개된다.

- 해당 주제의 최근 이슈와 논쟁점은 무엇인가?
- 주요 학자, 사상가, 정책 결정자는 누구인가?
- 각각의 입장은 어떻게 등장하고 발전해왔는가?
- 향후 사안의 전개 방향은 어떻게 예상되는가?
- 주요 참고자료는 어떤 것인가?
- 각 책의 주제에 비판적으로 접근하려는 사람들(NGO 전문가, 사회운동가, 공적원조 전문가, 비정부 원조기구, 학생, 학자, 연구자, 정책 전문가 등)이 중요하게 고려해야 하는 점은 무엇인가?

이 시리즈는 이상의 질문을 공유하면서도 개별 도서별로 다양한 국가나 지역 상황의 경험적 사례와 더불어 이론적, 정책 지향적 토론 지점을 포함하고 있다.

'농업 변동'이라는 광의의 주제를 다루려는 이 시리즈의 출판 계획에 세계 각지의 다양한 전문분야의 학자, 운동가, 발전 전문가가 참여하고 있다. '농업 변동'은 폭넓은 의미를 담고 있다. 농업-농촌-농사의 세계에 초점을 두지만, 다른 부문이나 지역(다른 산업이나 도시를 포함해)과 분리시킨 채 접근하기보다 주제의 맥락에 집중하고자 했다. 도서의 핵심 목표는 '변화'의 동학에 관한 이해를 제고하는 것이며, 다양한 방식으로 농업을 해석/재해석할 뿐 아니라 일하는 계급, 특히 빈민에 대한 분명한 지향과 함께 농업을 다시 변화시키는 것에도 기여하고자 한다. 현 시대의 신자유주의적 세계화 과정은 세계 농업에 분명한 변화를 가져오고 있으며, 따라서 농업의 구조적 제도적 조건에 관한 새로운 이해와 함께 이에 대응할 새로운 비전을 요구하고 있다.

ICAS는 농업 이슈에 대응하는 유사한 성향의 학자, 발전 전문가, 활동가의 공동체이자 공론장이며, 구성원 각자가 진보적 관점에서 바라보는 견해들을 토론하는 다중의 이니셔티브다. ICAS는 학자, 개발 정책 실행가, 사회운동가의 연계, 선진국과 개발도상국의 연계, 개발도상국 간의 연계, 농촌–농업과 도시–산업 부문 간의 연계, 전문가와 비전문가의 연계 등 네트워크의 형성과 연계를 지원한다. ICAS는 공동 저작을 장려하며 지식 공유를 통한 상호성을 옹호한다. ICAS는 기존의 전제를 의심하고, 대중적 인식을 비판적으로 검토하며 새로운 방식의 질문을 모으고, 제안하고, 추구함으로써 비판적 사고를 확산시키려 노력한다. 나아가 ICAS는 학술적으로 흥미롭고 사회적으로 유의미하며, 특히 약자의 편에 서려는 공동 연구와 연구 지원을 장려한다.

이 시리즈는 네덜란드의 개발협력교회조직협의회Inter-Church Organization for Development Cooperation, ICCO의 지원으로 출판되었으며, 편집자는 새터니노 보라스Saturnino M. Borras Jr. 막스 스푸어Max Spoor, 헨리 벨트미어Henry Veltmeyer다. 이 시리즈는 이미 다양한 언어로 번역되어 세계의 비판적 농업 연구자들에게 공유되고 있다.

편집인 서문

헨리 번스타인의 《농업 변동의 계급 동학》
은 ICAS의 '농업 연구와 소농 연구 시리즈'의 첫 번째 책이다. 그
의 저서로 이 시리즈를 시작하는 것은 두 가지 이유에서 전략적
으로 중요하다. 먼저 오늘날의 농업 문제를 정치경제학적 렌즈
로 분석하겠다는 것이며, 두 번째로는 번스타인의 명망에 걸맞
게 국제적 수준의 논쟁의 질을 확보하겠다는 점이다. 번스타인으
로 첫 테이프를 끊는 것은 이 시리즈의 논조와 수위를 정하는 기
준이 되며, 후속작들도 정치적으로 올곧고 사회과학적으로 엄격
한 수준을 갖추게 되리라 기대하게 만든다. 이 책은 ICAS가 가
진 지적·정치적 프로젝트의 관점에 조응한다.

오늘날 지구적 빈곤은 상당 부분 '농촌 현상'이다. 농촌의 빈
곤층이 전 세계 빈곤층의 4분의 3을 차지하기 때문이다. 따라서
세계 빈곤의 종식이라는 도전 과제는 농촌 빈곤의 조건을 만들
어내고 지속적으로 재생산하는 시스템에 대항하는 농촌에서 일

하는 이들의 저항과 긴밀하게 연결되어 있으며, 내용상 다면적 이슈(경제적, 정치적, 사회적, 문화적, 젠더, 환경 등)일 수밖에 없다. 탈빈 곤 발전의 문제에서 농촌 발전은 집중을 요하는 중요한 주제이 지만, 그렇다고 도시 이슈를 도외시할 수도 없다. 오히려 농촌 문제와 도시 문제의 연관관계 안에서 이해하는 것이 더 큰 도전 과제다. 주류 국제금융·개발 기구가 농촌 빈곤의 탈출구로 제시하는 신자유주의 정책과 노력이 대체로 농촌 빈곤을 도시 빈곤으로 형태만 바꾸어놓는 경우가 많기 때문이다.

세계은행과 같은 국제금융기구들은 농업 문제에 관해 주류적 사고를 강하게 옹호한다. 이 기구들은 상당한 자금을 투여해 농업 분야 연구를 수행하고 있으며, 조직의 정책적 지향을 담은 저작물을 양산하며 널리 유포시킨다. 이런 주류적 흐름에 대항하는 비판적 연구자들의 시도도 다양하게 진행 중이지만, 일반적으로 이런 노력들은 학계로 한정되어 대중적인 전달력과 영향력은 제한적이다.

남반부뿐 아니라 북반부의 학자, 사회운동 활동가, 개발 실천가들은 사회과학적으로 엄격하면서도 접근 가능하고, 정치적으로 올바르며, 정책 용도로도 충분한 비판적 농업 연구서들에 목말라하고 있다. 이런 요구에 대응하려는 목적으로 ICAS는 '농업 변동과 소농 연구 시리즈'를 출범했다. 시의적절하면서도 가벼운 책을 출판하려고 각각의 도서는 주요 질문을 기초로 특별한 발전 문제들을 다루고자 했다. 해당 주제의 최근 이슈와 논쟁점은 무엇인가? 주요 학자, 사상가, 정책 결정자는 누구인가? 각각의 입장은 어떻게 등장하고 발전해왔는가? 향후 사안의 전개 방향은 어떻게 예상되는가? 주요 참고자료는 어떤 것들인가? 각 책의 주제에 비판적으로 접근하려는 사람들(NGO 전문가, 사회운동가, 공적원조 전문가, 비정부 원조기구, 학생, 학자, 연구자, 정책 전문가 등)이 중요하게 고려해야 하는 점은 무엇인가? 각각의 책은 다양한 국가나 지역 상황의 경험적 사례와 더불어 이론적·정책 지향적 토론 지점을 포함하고 있다.

이상과 같은 시리즈의 맥락과 목적 아래, 우리는 기쁜 마음으로 헨리 번스타인의 책을 이 시리즈의 첫 번째 결과물로 출간하게 되었다. 이 책은 주제, 접근성, 정치적 올바름, 학술적 엄격함에 있어 ICAS의 취지에 꼭 들어맞는 저서다. 후속작에 대한 기대도 이에 준하리라 기대한다.

새터니노 보라스, 막스 스푸어, 헨리 벨트미어
ICAS '농업 변동과 소농 연구 시리즈' 편집인 일동

옮긴이 서문

　　　　　　　헨리 번스타인의 《농업 변동의 계급 동
학》은 국제 농업개발 전문가들의 '비판적 농업 연구 이니셔티브
ICAS'의 '농업 변동과 소농 연구 시리즈' 중 첫 번째 책이다. 이 시
리즈는 농업 문제에 천착해온 두 개의 국제 저널 《소농 연구the
Journal of Peasant Studies》와 《농업 변동 연구the Journal of Agrarian Change》
의 창간과 발간을 주도해온 대표 연구자들이 국제 농업의 주요
이슈를 하나씩 선정해, 그에 대한 다양한 입장과 논쟁점을 정리
하고 각 이슈의 향후 전개 방향을 전망하는 것을 목표로 한다.

　　이 시리즈의 기획자인 새터니노 보라스는 이 책의 영문판 서
문에서 번스타인을 시리즈의 첫 번째 필자로 선정한 두 가지 이
유를 제시한다. 하나는 무엇보다 현재 지구-지역적 차원에서 자
본주의적 전환을 겪고 있는 농업 문제를 '정치경제학적' 차원에
서 분석한다는 것이고, 두 번째는 저명한 국제농업학자인 번스
타인의 명망에 걸맞도록 후속 시리즈도 국제적 수준의 논쟁의

질을 확보하겠다는 의지와 다짐이었다. 시리즈 기획자의 말에서 드러나듯, 번스타인은 농업·농민 문제의 글로벌 정치경제학을 주로 연구하는 비판적 지식인이다. 현재는 런던대학교 오리엔탈·아프리카연구대학원SOAS의 명예교수로, 지난 수십 년간 남아프리카 지역의 발전 연구, 구체적으로 농촌 변동의 정치경제학, 사회 이론, 소농, 토지개혁, 농촌경제를 연구해왔다. 그는 다양한 연구 분야를 넘나들었지만 마르크스주의적 접근과 계급 분석을 통해 농촌 사회와 그 변동에 관한 연구로 저명한 학자다.

이 책 전체를 관통하는 번스타인의 문제의식은 '변화하는 지구-지역적 농업 구조에서 농민을 계급적으로 바라보기 위한 정치경제학적 관점을 제공하는 것'으로 요약될 수 있다. 그의 주장에 따르면, 근대 세계 이후 농업 변동을 이해하려면 자본주의 발전 과정을 핵심에 두어야 한다. 이는 농업이나 농민이 전근대적 혹은 비자본주의적일 것이라는 순진한 사고를 기각하는 것에서 시작될 수 있다. 또한 그는 농민을 '땅의 사람들'이라는 단일체로 바라보는 것을 거부한다. 농업 변동과 농민 내에서의 계급 역동성에 따라 역사적으로 그리고 오늘날의 현실에서는 매우 복잡하고 혼종된 상황이 전개될 수 있기 때문이다. 이에 번스타인은 자주 혼용되어 사용되는 소농, 소규모 농민, 가족농에 대한 기존 논의를 비판하면서, 이 용어들을 규범적이기보다 분석적으로 사용할 것을 강조하기도 했다. 그에 분석에 따르면, 오늘날의 소농을 이해하기 위해서는 농산품이든 스스로의 노동이든 다양한 재생산 활동을 위해 현금 수입을 얻어야 하는 '단순상품생산자 petty commodity producers'다.

번스타인은 자본주의하에서의 농업 변동과 농업 종사자 내에서 계급 분화와 변화를 설명하기 위해 노동-자연 관계, 노동분업과 협동, 재생산, 잉여, 착취, 축적의 과정과 현황을 정치경제학적으로 분석한다. 가장 먼저 검토한 것은 식량-인구 관계다. 18세기 중반 7억 7,000만 명에 불과했던 세계 인구가 2000년대 50억 명까지 증가할 수 있었던 배경은 자본주의 발전이나 근대과학의 발전 및 보건위생의 개선 못지않게, 그 인구를 부양할 수 있었던 식량 생산의 증대가 있었기에 가능했다. 물론 지구적 차원에서 양(+)의 상관관계를 지닌 식량-인구 관계의 이면에는, 세계경제의 성장과 재편의 과정에서 이윤 창출의 근거가 되는 불균등 발전의 영향이 강하게 미친다. 따라서 농업경제 내에서도 생산력, 소득, 생계 안전성, 삶의 질 상의 거대한 격차와 불균등이 존재한다.

마르크스주의적인 분석을 강조하지만 그의 분석이 교조적이지 않고 설득력을 갖는 이유는 농업 변동의 역사를 마르크스가 본원적 축적으로 불렀던 영국식 경로 이외에, 레닌이 제시한 프러시아식 경로와 미국식 경로, 그리고 식민지에서의 농업 변동과 오늘날 남반구의 농업 현실을 병렬적으로 제시하면서 지구적 다양성을 인정했다는 점이다. 또한 그는 근대의 성립기였던 상업 자본주의 및 식민 시대의 농업경제뿐 아니라 '영농farming'이 '산업으로서의 농업agriculture as sector'으로 바뀌어가는 현대 글로벌 자본주의하에서의 농업경제를 통시적으로 다루며 변화의 원인과 양상을 충실히 설명했다. 이처럼 그는 자본주의를 유령으로 설정하고 자본주의적 세계의 모든 것을 자본의 이해에 복무하는 존재로 설명하는 대신, 자본주의적 사회관계들의 모순과 역동성 속에 발생하는 오늘날의 농촌·농민 문제들—다양한 농민들, 자본의 다양한 의도, 사회적 관습과 제도, 신념 등—이 생산되고 변화되는 원인과 그 과정을 분석적으로 보는 것을 강조한다.

전체적으로 그의 관점은 최근 농업·농촌 문제에 대한 낭만적 견해(예를 들어, '저투입 소규모 가족농'에 대한 옹호)를 부정하지만, 그렇다고 자본주의의 전 지구화의 결과로 '소농의 소멸'이 일어날 것이라는 부정적 전망 역시 부인한다. 필연적으로 자연과 직접적 관계를 맺어야 하는 영농 활동의 자연적 조건 그리고 지역의 정치경제, 역사, 문화의 차이와 같은 사회적 조건에 따라 다양한 농민운동과 저항이 여전히 이루어지고 있기 때문이다.

이 책의 번역에는 번역자 개인의 노력을 넘어 여러 동학同學의 노고가 함께 투여되었다. 2년 전 이 책의 초벌 번역본을 제공한 권오범의 공이 무엇보다 클 것이다. 그의 초벌 번역본은 이후 비판적 농업·농촌 문제를 연구하는 젊은 연구자들의 모임에서 여러 차례 윤독되었으며, 이후 본인의 책임하에 전면적 재번역이 이루어졌다. 농업, 농촌, 농민 문제를 중심으로 함께 공부하고 꾸준히 연구하는 젊은 연구자 그룹의 참여자들에는 본인 이외에 허남혁, 김정섭, 박동범, 송원규, 조영지, 김신효정, 김태완, 최민영, 이민재 등이 포함되어 있다. ICAS 시리즈의 후속작들―'차야노프의 농민연구' '글로벌 식량체제' '지속 가능한 생계' '초국적 농민운동' '농업과 이주' 등을 주제로 한―의 번역도 이 그룹에서 향후에 지속될 것이다. 마지막으로, 돈 되는 일은 아니지만 그렇다고 돈으로 환산될 수도 없는 농업농촌 문제와 먹거리 관련 주제의 책을 꾸준히 출간해온 도서출판 따비에 깊은 감사의 마음을 전한다.

2018년 5월
옮긴이들을 대표해, 엄은희

차례

서론

농업 변동의 정치경제학

《농업 변동 연구Journal of Agrarian Change》의 창립 목표에 정의된 바와 같이, 농업 정치경제학Agrarian political economy은 '역사적 혹은 현 세대의 농업 형성과 그 변동 과정에서 생산과 재생산, 소유, 권력의 사회적 관계와 동학'의 연구를 목표로 한다. 근대 세계에서 농업 변동을 이해하려면 자본주의와 그 발전 과정을 핵심에 두어야 한다. 내가 말하는 자본주의란 자본과 노동의 근본적인 사회관계, 즉 자본은 이윤 추구와 축적을 위해 노동을 착취하고 노동은 생계수단을 얻으려고 자본을 위해 일해야 하는 관계에 바탕을 둔 생산과 재생산을 포괄하는 시스템을 뜻한다. 물론 이처럼 기초적이고 일반적인 정의 너머에, 혹은 실제로 그 관계 안에서도, 이 책이 탐구하고 설명하려는 수많은 복잡성과 도전 과제가 있다.

먼저 전체적인 조망을 한 뒤에 이 책의 접근법을 소개하고 이 책에 담으려는 주요 주제를 밝히겠다.

큰 그림: 영농과 세계 인구

토니 와이즈는 다음과 같이 주장했다. "오늘날의 글로벌 먹거리경제의 기원은 일련의 혁명적 변동을 통해 추적 가능하다. 최초에 몇 천 년에 걸쳐 먹거리경제의 형태가 갖추어졌고, 그다음에는 몇 백 년 단위로, 보다 최근에는 단지 십여 년의 과정 안에서 압축적인 변동이 발생하고 있다"(Weis, 2007: 5).

- **최초 몇 천 년간의 변화**: 약 1만 2,000년 전에 정착 영농이 인간 사회의 물적 토대로 등장했다(물론, 지역마다 그 발현 양태는 약간씩 다를 수 있다). 수천 년에 걸쳐 일어난 변화는 혁명적이라 할 만하다. 하지만 일부 문헌은 이런 변화가 결과적으로는 근원적이었지만 진행 과정은 매우 점진적이어서 오히려 '진화적'이라 해석하기를 선호한다. 농경문명은 아시아의 대부분, 북아프리카와 유럽의 '파종' 지역으로 퍼져나갔으며, 사하라 이남 아프리카와 아메리카 대륙처럼 인구 희박 지역의 일부까지 확산되었다. 당시의 농경 사회에서는 인구 대부분이 소농으로, 땅에 기대어 살았다. 1750년 무렵 농경 사회가 부양했던 세계 인구는 7억 7,000만 명 정도였다.
- **근대 100~200년간의 변화**: 18세기 후반부터 산업화의 등장과 확산으로 새로운 유형의 세계경제가 형성되었다. 이런 변화는 역사를 '가속화'했을 뿐만 아니라 영농의 전환도 이끌어냈다. 1950년 세계 인구는 25억 명까지 증가했다.
- **최근 10여 년간의 변화**: 2000년 세계 인구는 60억 명까지 증가

했으며, 2050년에는 90억 명에 도달할 것으로 예상된다. 이런 인구 증가에 농업의 생산성 향상이 기여한 바는 분명하다. 2008년 세계적 차원에서 최초로 도시 인구가 농촌 인구에 맞먹게 되었고, 곧 농촌과 도시의 인구 비율이 역전되었다.

이런 큰 그림을 통해, 식량 생산과 세계 인구 증가(특히 1950년 이후) 사이의 상관관계를 확인할 수 있다. 식량과 인구, 두 요소의 상호 증가는 자본주의의 발전과 그것이 창출한 세계경제의 한 단면이다. 하지만 그 그림의 이면에는 소득, 생계 보장, 삶의 질과 기대 수명, 생산력에서 거대한 격차를 보이는 지구적 불평등이 존재한다. 식량은 세계 인구를 적절하게 먹일 만큼 혹은 그 이상으로 생산되고 있지만, 여전히 많은 사람이 삶의 상당 기간 동안, 심한 경우에는 언제나, 굶주림에 신음하고 있다.

오늘날 농민은 누구인가

주요 특징

국가경제가 산업화될수록 농업 부문의 노동력 비중은 줄어든다. 2000년 기준, 미국에서 농업 부문에 고용된 총 노동력은 인구의 2.1퍼센트에 불과했다. 유럽연합(EU 선도 15개 회원국 기준)은 4.3퍼센트, 일본은 4.1퍼센트였으며, 브라질과 멕시코에서는 각각 16.5퍼센트와 21.5퍼센트를 차지했다. 중국은 1978년 71퍼센트에 달했던 농업 인구가 2000년 50퍼센트까지 줄어들었는데, 물론 인구 수로 따지면 여전히 4억 명에 달한다. 같은 해 인도에서는 2억 6,000만 명, 아프리카에서는 2억 명이 농업에 종사하는 것으로 밝혀졌다(두 지역의 영농 종사자는 모두 '경제활동인구'의 60퍼센트). 이 수치에서 보듯, 오늘날 세계 농업 인구의 대다수가 제3세계 혹은 남반부에 살고 있다는 것이 명백해진다.

국제연합 식량농업기구FAO의 표준 추정 자료도 유사한 결과를 보여준다. 오늘날 전 세계에서 농업 부문은 약 13억 명을 고용하고 있으며, 이들 중 97퍼센트가 개발도상국에서 살고 있다(World Bank, 2007: 77).* 즉, 지구상에는 약 13억 명의 '농민'이 살고 있는 것이다. 하지만, 어떤 유형의 농민인지, 어디에 사는지, 그리고 어떤 시기에 관찰하느냐에 따라 농민의 특성은 다양한 변주가 가능하다. 특히 연간 농업 주기 중 농번기와 그렇지 아니한 때, 강수량이나 시장 상황이 좋을 때와 나쁠 때에 따라 달라진다. 사실 모든 농민이 사시사철 농민으로 살아가는 것은 아

---

* 남반부 '소규모 농민'의 수는 종종 과장되지만 일부 소농 옹호론자는 정도가 심하다. 일례로, 마르티네스-알리에르(Martinez-Alier, 2002)나 아민(Amin, 2003)은 소농의 수를 각각 20억 명과 30억 명으로 추정한다.

니다. 농촌 인구 대다수가 농번기처럼 바쁜 시기에는 과잉노동을 감내해야 하지만, 농촌 인구의 많은 비율이 경제적으로 엄격한 의미에서 '농민'으로 간주되기 어렵다. 토지나 영농 수단이 부족한 소위 한계marginal 영농을 하고 있는 이들이 농민의 다수를 차지하기 때문이다. 피터 하젤 등은 인도의 농업을 설명하면서, 영농에 종사함에도 불구하고 "가계의 생계를 부양할 정도의 충분한 일거리나 소득을 얻지 못하는 상황"(Hazel et al., 2007: 1)으로 한계 영농을 정의했다. 인도에서 한계 영농의 기준은 소유 농지 1헥타르 미만이며, 1헥타르 미만의 토지를 소유한 한계 농민의 수는 전체 농민의 62퍼센트에 해당하지만, 이들이 차지한 농지의 총합은 인도 전체 농경지의 17퍼센트에 불과하다.

용어와 개념: 소농과 소규모 농민

소농peasant, 소규모 농민small-scale farmer, 가족농family farmer 같은 용어는 자주 혼용된다. 하지만, 각 용어 간에는 의미상의 차이뿐 아니라 분석상의 쟁점과 차이도 있다.

우선, 소농이라는 용어는 보통 단순 재생산, 다시 말해 가족의 먹거리 정도만을 자급할 수 있는 가족 영농을 가리킨다. 이 기본적 정의에 종종 연대, 상호성, 마을 내 평등, 마을에 기반을 둔 삶의 방식과 가치에 대한 헌신, 공동체, 친족, 지역과 같은 특성이 추가된다. 이처럼 '소농' '소규모' '가족농'의 용법과 정의는 강한 규범적 요소와 목적을 갖는다. 일부 학자의 '소농 옹호론'은 근대 자본주의 세계의 형성 과정에서 소농을 없애거나 그 기반을 약화시키는 모든 강제에 반대한다(예컨대, Williams, 1976). 하지만 내가 보기에 소농 혹은 소작농peasantry이라는 용어는 규범적이기보다는 분석적으로 규정될 필요가 있으며, 이를 위해 서로 상이한 두 개의 역사적 정황을 고려해야 한다. 하나는 인구의 대부분을 소규모 가족농이 차지하는 전前 자본주의 사회(1장 참고), 다른 하나는 자본주의로의 이행 과정(2, 3장 참고)이다.

자본주의의 발전은 소규모 영농의 사회적 특성을 크게 두 측면에서 변화시켰다. 첫째, 소농은 자신의 생계수단을 시장과 광범위한 노동의 사회적 분업에 통합되어 생산할 수밖에 없는 단순상품생산자petty commodity producer가 되었다. 이런 '생계의 상품화commodification of subsistence'는 자본주의 발전의 핵심적 원동력이다(보다 자세한 설명은 2장에서 이어질 것이다). 둘째, 단순상품생산자 사이에서도 계급 분화가 발생했다. 더 나아가 나는 소농이나 가족농이 하나의 계급으로 존재하는 것이 아니라 그 내부에서도 소규모 자본주의적 농민, 상대적으로 성공한 단순상품생산자, 임노동자와 같은 계급'들'로 분화한다는 점을 강하게 주장한다. 이런 변화와 분화의 역사적 진행 과정은 2장에서 5장까지, 이에 관한 이론적 기반은 6장에서 8장까지 탐구할 것이다.

소농을 규정하는 방식도 크게 두 차원으로 나뉜다. 일부 문헌은 규모의 측면에서 경작 토지 2헥타르 미만을 소농으로 보며, 또 다른 문헌에서는 낮은 기술 수준, 가족노동에 대한 의존이나 강한 '생계 지향성'을 특히 남반부 소농의 특징으로 기술한다. 전자는 공간적 측면(농지의 규모), 후자는 사회학적 기준(영농 방식)이다. 두 기준은 영농의 조건에 따라 또다시 분화될 수 있다.

라틴아메리카의 많은 지역에서 10헥타르 내외의 농장은 국가 평균보다 작은 규모이며, 대체로 가족노동에 의존해 운영되며 일차적으로 생계용 경작을 한다. … 반면 서벵골의 관개 농지에서 그 정도의 규모는 지역 평균을 훨씬 상회하는 대농으로, 아마도 임노동자를 고용해 농장을 운영하며, 상당한 잉여 농산품을 자급이 아니라 상업적으로 판매하기 위한 경작이 이루어질 것이다(Hazell et al., 2007: 1).

마지막으로, 가족농이라는 용어는 보통 가족 단위로 **소유하고, 관리하며, 그 구성원의 노동에 의존하는 것**이라 정리해볼 수 있다. 가족농도 경우에 따라 이상의 세 요소를 모두 포함하는 경우와 그렇지 않은 경우로 구분될 수 있다. 이에 관해서는 6장에서 더 설명하겠다.

남반부 농민의 현실

지금까지 설명한 통계적·개념적 문제를 넘어서서, 아래의 다섯 가지 사례를 보면서 남반부 농민이 처한 삶의 실체에 좀 더 다가가보자.

· **인도 북부** : 1960년대 말 이 지역에 새로운 자본 집약적 농업 전략이 도입된 이후, 국민회의 정부는 영국 제국주의자들의 꿈, 즉 진보된 영농을 수행할 젠트리(상류층) 집단이 등장하리라 기대했다. 정부의 기대대로 1~2년이 지나자 거의 모든 지역에서 과거처럼 자민다르zamindar*가 출현했다. 이 집단은 30~100헥타르의 농장을 소유하고 [녹색혁명의 산물인] 최신의 멕시코산 밀과 필리핀산 벼를 재배했다. 그 밖에도 시간당 1만 6,000갤런의 물을 뿜어 올릴 수 있는 관개시설, 높은 수익성을 약속한 하인인 트랙터, 그리고 비료로 가득 찬 창고와 냉장시설을 갖추고 있었다(Whitcombe, 1980: 179).

· **방글라데시** : 소작이 반드시 더 좋지만은 않다. 일은 내가 다 하는데, 수확할 때는 지주가 수확의 절반을 가져간다. 오히려 삯을 받

---

* 영국 식민지 시기 벵골 지역에서 토지 소유권과 조세 징수를 담당했던 지주 집단. — 옮긴이

고 일할 때는 충분치는 않아도 최소한 매일 밤 쌀을 집으로 가져갈 수 있었다. 반면, 임차한 논에서 일하면 수확 시기까지 빈손으로 기다려야만 한다. 게다가 나는 소나 쟁기가 없어서 필요할 때마다 이웃에서 빌려야 한다. 빌리는 값은 비싸다. 소를 하루 빌리려면 소주인의 밭에서 이틀간 쟁기질을 해야 한다. 이 나라에서 사람 한 명의 노동력 가치는 소 두 마리의 노동력 가치의 절반밖에 안 된다(Harmann and Boyce, 1983: 163에서 인용한 무토지 농민의 말).

· **탄자니아** : 커피 밭의 잡초를 캐고, 커피콩을 따고, 콩을 고르고 말리는 일은 여자의 몫이다. 여자들은 포장과 무게 재는 일도 한다. 커피 값을 후하게 받으면 남편이 모든 돈을 챙긴다. 그들은 아내에게 달랑 200실링을 주고 다음 날 아침 버스를 타고 도시로 떠나 빈털터리가 될 때까지 버틴다. 집에 돌아와서는 아내에게 화를 낸다. "왜 커피 밭의 잡초가 그대로 있냐!" 이것이야말로 거대한 노예제다. 해야 할 일은 무한하고 결코 끝나지 않는다(Mbilinyi, 1990: 120-1에서 인용한 농촌 여성 활동가의 말).

· **브라질** : 이 모든 것의 원인은 토지 투기다. 2,000헥타르 넘는 원시림이 개간되고, 1,000헥타르는 방목지로 전환되었다. 고무 채취자들은 자신의 생계수단을 빼앗겼다. 이런 식으로 원주민 거주지이기도 한 아마존 지대에서 채취되는 자원에 대한 투쟁이 전개되

었다. 우리 원주민은 토지에 대한 사적 소유권을 원하는 것이 아
니다. 우리가 원하는 것은, 땅은 공동체에 속하고 고무 채취자들은
사용권을 누리는 것이다. … 1980년에 아마존의 원주민 운동을 이
끌던 아주 중요한 지도자 한 명이 살해당했다. 지주들이 그를 죽인
것이다. 일주일이 지난 뒤 노동자들이 복수를 위해 지주 한 명을 살
해했다. 나는 이것이 정의가 작동하는 방식이라 생각한다(Mendes,
1992: 162, 168. 멘데스 사망(1988. 12. 22) 후 공개된 인터뷰 중).

• 에콰도르 : 혼란의 시기에 우리 땅의 아센다도hacendado, 즉 지주
가 과야킬로 떠났다. 내 아버지와 아는 사이라, 그는 우리 가족에게
토지를 빌려주었다. 지주는 카카오 가격이 좋아질 때까지 자기 재산
을 돌봐줄 사람을 원했다. 남편 하비에르와 나는 작지만 우리 땅을
가지게 되었다. 옥수수, 콩, 과일을 재배했고 소도 한두 마리 소유했
지만, 일은 엄청나게 힘들었다. 판로가 불투명했고, 노동력은 남편과
나 둘뿐이었다. 일을 도와줄 자식도 없었고 친지들도 도울 형편이
못 되었다. 우리는 농기구나 다른 자원도 없었다. 그러고 보면 우리
는 땅을 진짜로 소유한 게 아니었을지도 모르겠다. 결국 나는 남편
에게 말했다. 형 파코가 있는 과야킬로 우리도 가자고(Striffler, 2004:
14-5에서 인용한 에콰도르 여성 이주노동자의 말).

첫 번째 인용문은 1960년대 말 인도의 국민회의 정부가 녹색

혁명을 도입한 뒤 수혜를 얻어 부농이 된 농민에 관한 것이다. 엘리자베스 휘트콤Elizabeth Whitcombe은 그런 농민들을 이전의 자민다르나 지주로 간주했지만, 거기에는 자본주의적 농민이 되기에 충분한 부를 축적한 부유한 소농도 다수 포함되어 있었다 (Byres, 1981). 그들은 고도로 자본화된 농장을 소유하며, 녹색혁명으로 도입된 새로운 다수확 품종HYVs의 밀과 쌀 수확량을 높이기 위해 막대한 양의 '투입물', 즉 트랙터, 관개용 펌프, 창고나 종묘상에 쌓인 비료를 이용했다. 이들이 심은 (그리고 다음 농사를 위해 자신이 증식한) 다수확 품종은 다른 나라의 농업 연구기관들에서 만들어진 것이다. 이들의 농지 규모는 이웃이나 방글라데시나 탄자니아 농민의 농지와 비교하면 훨씬 크다. 하지만 브라질 농민의 농지와 비교하면 작은 편이다.

방글라데시의 무토지 빈농 사례를 담은 두 번째 인용문은 첫 번째 경우와 대비된다. 이 사례는 생계, 특히 가장 기본적 필요인 충분한 먹거리의 확보를 위한 일상의 가혹한 투쟁을 보여준다. 이 빈농은 농지와 가축과 쟁기를 빌려 쌀을 재배하고, 임대료 대신 타인의 밭에서 일한다. 이 이야기는 소작농이 당면한 농촌 공간 밖의 그림은 보여주지 않는다. 하지만 임대료 대신 일하는 대목은 첫 번째 사례인 인도 북부의 상업적 농장의 번영을 위해 노동력을 제공한 사람들이 누구인지를 알려준다.

탄자니아 여성 농민의 이야기는 너무도 불평등한 젠더관계(1장 참고)의 아주 명확한 실례다. 앞의 두 인용문과 달리, 국제 시장용 수출작물을 생산하는 소농 이야기다. 따라서 '커피 재배에 토지, 노동, 기타 자원이 집중되는 현상이 가정에서 먹을 먹거리 재배에는 어떤 영향을 끼쳤을까?'라는 원초적 궁금증을 낳게 한다. 수확 결과로 얻은 현금은 아마도 이 가정에게 1년에 한 번뿐인 소득이었을 것이다. 하지만 그 돈은 가족의 필요를 충족시키는 대신 남성 가부장의 유흥비로 탕진돼버렸다.

브라질 사례는, 근대 세계의 농업사에서 오랫동안 되풀이돼온 주제인 상이한 토지 용도 간의 경쟁, 이 경우에는 열대우림의 사용 방식을 둘러싼 경쟁을 보여준다. 야생 고무 채취로 생계를 꾸려가는 원주민들과 대규모 목장을 위한 초지 조성이나 그 동물들의 사료로 가공될 대두를 심기 위해 숲을 개간하려는 사람들 사이의 갈등이다. 또한, 토지 소유권 개념을 둘러싼 갈등도 볼 수 있다. 토지 소유자의 독점적 사용권을 보장하는 사적 소유권과 땅을 공공의 자원으로 보고 특정한 공동체나 집단이 사용권을 갖는 공공의 권리 간의 갈등이 그것이다. 식민지를 경험한 많은 국가에서, 이런 갈등은 윤리적·문화적 측면뿐 아니라 권력관계의 측면에서도 차별적인 집단 간 갈등으로 드러난다.

마지막 인용문은 에콰도르의 젊은 무토지 부부 이야기다. 이들은 라틴아메리카의 대농장 아시엔다hacienda의 소유주인 아센다도에게 땅을 빌려서 그저 먹고살 정도의 농사를 지으려고 했다. 지주는 농지에 카카오를 심었지만 "혼란의 시기", 즉 카카오 국제 시장 가격이 급락하자 농장을 유기했다. 여기에서 우리는 탄자니아의 커피, 브라질의 대두·쇠고기와 마찬가지인 국제적 수출작물 카카오의 운명과 소농이 당면한 어려움을 엿볼 수 있다. 이 젊은 부부가 어떤 농사를 짓고 농기구는 제대로 갖추었는지 알 수는 없지만, 이들은 농사로 성공하기에는 노동력이 부족했다고 말한다. 그들은 자급용 식량 생산을 하는 수준이었으나 자신들이 생산할 수 없는 필수품을 사기 위해 곡식의 일부를 팔기도 했다. 결국 그들은 젊다는 사실에만 의지해 남편의 형이 있는 과야킬로 가겠다고 결심했다. 과야킬은 에콰도르 태평양 연안에 있는 큰 항구 도시로, 이들은 그곳에서 더 안전하게 생계 활동을 할 수 있으리라 기대했다.

이 인용문들은 남반부 여러 지역 농민들의 삶의 양식이 영농 방식, 사회적 관계, 시장 조건, 농업 투입재, 노동력의 규모, 농장 환경에 따라 얼마나 다양한지 보여준다. 이런 다양성은 농민에 대한 단일한 일반화를 불가능하게 한다. 그렇지만 이상의 사례를 기초로, 농업 변동이라는 큰 주제 및 변동의 동학dynamics을 확인할 수 있는 세부 주제 몇 가지를 도출할 수 있다.

- 농촌에서의 계급 분화와 젠더 이슈.
- 토지 접근권의 분화, 노동분업, 노동 산물의 분배.

- 소유권과 생계양식, 부와 빈곤.
- 식민지 유산과 국가의 역할.
- 농업 발전의 경로와 국제 시장(농산품, 기술, 금융 모두 포함).
- 탄자니아의 성별화된 가정 폭력에서부터 브라질의 조직화된 계급적 폭력에 이르기까지 권력관계와 불평등 및 그것을 유지하는 데 자주 사용되는 폭력과 갈등.

이 책은 이처럼 광범위한 주제와 그 동학을 농업의 정치경제학, 더 나아가 자본주의 정치경제학을 통해 다룬다. 이 접근의 이론적 기초는 카를 마르크스의 정치경제학으로부터 유래한다.

마르크스 정치경제학

마르크스(1818~83)는 영국에서 살던 1850~70년대에, 세계사에서 처음 등장한 산업혁명이 가져온 전환을 목격했다. 마르크스는 위대한 (그리고 끝나지 않은) 이론적 저작 《자본론》을 통해, 가장 선진적인 산업 형태 안에서 '자본주의적 생산양식'의 핵심적 관계와 동학을 규명하고자 했다. 마르크스에게 자본주의(특히 산업자본주의)의 본성과 결과는 '세계사적' 현상이었다. 새로운, 그리고 실제로 혁명적인 생산양식이 세계사적으로 등장하게 된 것은 자연스럽거나 불가피한 일은 아니었다. 오히려 착취, 축적, 경쟁, 생산력의 지속적 발전에 관한 독특한 논리(2장)가 확립된 이후 세계 모든 지역으로 그러한 생산양식이 확장되었다.

마르크스가 유럽 북서부의 산업자본주의를 참조로 자본주의적 생산양식을 분석했다는 사실은 근대 산업 사회 **이전** 및 그의 시대 **이후**의 자본주의 역사'들'에 대한 상이한 해석과 토론의 여지를 다수 제공했다. 농업의 정치경제학을 연구하는 나의 질문은 다음과 같다.

- 기본적으로, 자본주의는 산업화 이전의 농업 사회들로부터 발전해왔는가?(2~3장)
- 산업자본주의의 성립과 확산이 농업 변동에 끼친 영향은 무엇인가?(3~5장)

나의 목표는 자본주의적 생산양식에 관한 마르크스 이론의 몇몇 개념을 활용해 근대 세계의 다양하고 복잡한 농업의 역사를 이해하는 것이다. 나는 자본주의의 세계사적 이력이라는 매우 일반적인 주제를 제시하고, 이 주제들을 역사적 특수성 내에서 직조된 복잡한 변형체들과 재연결하려 한다(맥락이 다르기는 하지만 이런 방식은 인류학자 마이클 길세넌[Gilsenan, 1982: 5]의 논증 방식을 차용한 것이다). 물론, 자본주의 발전에 관한 마르크스의 선구적 논증의 가치를 인정한다고 해서, 우리가 알아야 할 모든 것을 그의 자본주의 이론과 역사적 관점에서 차용하겠다는 것은 아니다. 사실 그의 이론 체계는 고도로 **추상적**이고 따라서 불완전한 지점도 있기 때문에, 그의 주장과 논증방식을 역사적 혹은 **구체적**인 연구에 적용하는 것은 여전히 수많은 긴장과 토론의 진원지로 남아 있다. 마르크스 역시 《정치경제학 비판》에서 "구체적인 것은 수많은 판단의 총합"(Marx, 1973: 101)이라고 말한 바 있다. 나는 이를 내 방식대로 좀 느슨하게 '인과 요인들causal factors'에 대한 고려가 필요하다고 표현하고자 한다.

이 책의 각 장에서는 이론적 개념과 문제를 소개하고, 역사적 맥락을 드러내며, 필요하다면 요약과 일반화를 제공할 것이다. 2장에서 5장까지 근대 자본주의 세계의 형성 개요를 서술하면서 드러나겠지만, 그러한 일반화만으로 역사적 특수성이나 변화를 제대로 다룰 수는 없다. 이런 문제의식은 역사 연구에서 시대를 구분하는 관례에도 적용된다. 통상 세기 단위로 표기되지만, 그 구분이 정당화되려면 연도의 수치 변화를 넘어서 현실에 어떤 변화가 있었는지를 분명히 드러낼 필요가 있다. 다시 말해, 역사 연구에서 시기 구분은 중요하다. 다만, 무엇이, 어떻게, 왜, 그리고 특히 **언제** 변화했는지 질문하지 않는 시대 구분은 정당화되기 어렵다. 그렇게 하더라도 역사적 시기 구분은 단절성과 지속성의 복잡한 특징들을 모호하게 보이게 할 위험을 내포한다. 이 책이 제시하는 역사적 시기 구분은 중요한 변화의 '이정표'로 기능한다. 그렇지만 한 시기에서 다른 시기로의 변화가 언제나 포괄적이고 극적이며 기존 시기와의 단절을 뜻하지는 않는다. 물론 어떤 역사적 과정은 훨씬 급진적인 변화를 포함하기도 한다.

분석적 접근을 취해 글의 논지를 파악하고 그 유용성을 따져보는 것은 쉽지 않은 과제다. 하지만 그러지 않고서야 우리가 살고 있는 이토록 복잡성과 모순으로 가득한 세계를 어떻게 단순하게 이해할 수 있겠는가? 나의 목표는 이데올로기적 호소력을 가진 단순한 도덕적 주장('작은 것이 아름답다' 대 '큰 것은 나쁘다', 혹은 도덕적 소농 대 악랄한 기업농)을 넘어서서, 다른 방식으로 분석적으로 생각해볼 만한 도구를 독자들에게 제공하는 것이다.

마르크스주의자나 마르크스에게서 많은 영향을 받은 사람들 사이에는 마르크스의 사상에 관해, 그리고 그것의 해석과 적용을 둘러싼 매우 치열한 논쟁이 존재한다. 이 논란의 역사와 논쟁에 익숙한 이들은 내가 이 짧은 책에서 제시한 유물론적 정치경제학에 관한 특정 해석들을 틀림없이 알아차릴 것이다. 하지만 이 책은 정치경제학에 관한 사전 지식을 요약해서 제공하지는 않고, 그저 주요 용어의 목록만 제공했다. 저자로서 나의 유일한 희망은 독자가 타당성이나 흥미를 느껴서 스스로 분석해볼 동기를 충분히 발견하는 것이다.

1

생산과
생산성

노동과 자연

우리는 노동을 전적으로 인간에게만 속하는 것으로 간주한다. 거미는 직공과 비슷한 작업을 수행하고, 꿀벌도 건축가들을 무색게 할 정도로 집을 잘 짓는다. 그러나 가장 형편없는 건축가라 해도 가장 훌륭한 꿀벌보다 뛰어난 까닭은, 그가 밀랍으로 집을 만들기 전에 미리 머릿속에서 집을 짓기 때문이다. 노동과정의 끝에 가서 나타나는 결과는 노동을 시작할 때 이미 노동하는 자의 생각 속에, 즉 관념적으로 있었던 것이다. 그는 단지 자연적인 것의 형태를 변화시키는 것이 아니라, 그가 의식하고 있는 자신의 목적을 자연적인 것 속에서 실현하는 것이다. 일을 하는 신체기관의 긴장된 노력 말고도 세심한 주의로서 드러나는 합목적적인 의지는 노동의 전체 과정에 걸쳐 요구된다(Marx, 1976: 283-4).

가장 일반적으로, 생산은 "인간 삶의 조건을 충족시키기 위해 자연을 변형하는 데 노동을 사용하는 과정"으로 정의된다. 마르크스가 제시했듯이, 노동은 **행위 주체성**agency, 즉 생산자의 목적, 지식, 기술, 에너지의 결합을 전제로 한다. 따라서 자연환경에 대한 행위에서 생산자는 자신이 살아가고 사실상 그 일부로 속해 있는 생태계를 변형시킨다.* 생산과 관련하여, 그리고 인간의 복리, 다시 말해 인간 삶의 조건을 어떻게 충족시킬지에 관한 질문의 핵심에는 **생산성**productivity이라는 개념이 있다. 물론 상이한 방식은 상이한 결과를 낳기에, 생산성을 둘러싼 개념은 다양하게 존재한다. 생산성은 주어진 양의 특정 자원(토지, 노동 등)을 활용해 생산한 재화의 양으로 측정된다.

영농에서 대표적인 생산성 측정 방식은 토지 산출량 또는 수확량, 즉 일정한 토지 면적에서 수확한 작물의 총량으로 제시된다.** 또 다른 생산성 측정 방식은 노동과 관련 있다. 다시 말해, 주로 일하는 데 사용한 시간, 혹은 노동 시간의 평균량으로 측정되는 누군가 노고를 소모해 생산할 수 있는 작물의 양이다. 노동 생산성은 생산자가 사용하는 도구나 기술에 크게 좌우된다. 예를 들어, 1,000킬로그램의 곡물을 생산하기 위해 트랙터나 콤바인을 사용하는 미국 농민이 일하는 시간은 소와 쟁기를 사용하는 인도 농민보다 훨씬 짧다. 같은 양(1톤)의 곡물을 생산하는 데 인도 농민이 지불한 시간과 물리적 노력은 괭이나 손도구로 농사짓는 사하라 이남 아프리카 농민보다 짧다.

* 따라서 생태학이라는 개념은 인간과 비인간, 그리고 그 둘 간의 상호작용으로 구성된다.

** 농업 생산성 증대의 핵심 과정에서 생산된 작물(동·식물 포함)의 산출량은 매우 중요한 이슈이지만, 이 책에서는 지면의 한계로 다루지 않는다.

서로 다른 도구를 사용하는 생산자가 특정 기간— 대체로 영농은 1년 단위로 이루어진다. 대부분 지역에서 계절성, 즉 기후 조건이 농사에 영향을 끼치는 핵심 요인이기 때문이다—에 평균적으로 얼마나 많이 생산할 수 있는지 상호 비교해보자. 연간 생산량을 지역별로 비교하면, 아프리카의 평균적인 농민 1인이 생산하는 곡물은 1톤, 인도 농민은 5톤, 미국 농민은 2,000톤이다. 인도 농민의 농업 생산성은 아프리카 농민의 5배, 미국 농민의 생산성은 인도 농민의 500배이자 아프리카 농민의 2,000배에 달한다. 이와 같은 명쾌한 수치 비교를 제공한 사람은 프랑스 농학자 마주아예와 루다르트(Mazoyer and Roudart, 2006: 11). 두 연구자는 또한 세계 영농 체계에서 평균 노동 생산성의 최저치와 최고치 간 격차가 1950년대 이후로 크게 증가했음[*]을 밝혀냈다(4, 5장 참고).

몇 가지 부가적인 관찰 결과도 있다. 첫째, 노동 생산성의 증가는 인간 근력보다 다른 형태의 에너지, 예컨대 동물 에너지(축력)나 트랙터와 콤바인 등 내연 엔진의 활용 유무에 의존한다. 이처

---

[*] 작물 산출량은 농업사학자들에게는 큰 관심거리 중 하나인데, 이를 측정하는 한 방법은 식재된 종자 대비 수확량의 비율이다. 이 격차는 오늘날 농상품 세계 무역의 비중에도 반영된다. 세계 농업 총생산의 약 10퍼센트가 국제적으로 거래되는데, 미국과 EU가 각각 17퍼센트, 캐나다, 호주, 뉴질랜드를 합해서 15퍼센트, 브라질, 아르헨티나, 칠레, 우루과이가 합해서 13퍼센트를 차지한다. 결국, 세계 농업 수출(가격 기준)의 62퍼센트가 세계 인구의 15퍼센트를 차지하는 국가들에서 이루어지며, 농업 수출에 참여하는 농민은 세계 농업노동력의 4퍼센트에 해당한다(Weis, 2007: 21).

럼 다양한 형태의 추가적 에너지의 활용은 인간의 근력 제약으로 부터 생산과 생산성을 자유롭게 한다. 둘째, 추가적 에너지의 활용으로 농업 종사자당 경작 가능 토지 면적도 확대될 수 있었다. 예컨대, 미국의 농업노동자 1인당 경작 면적은 세계 평균의 50배나 되는 것으로 추정된다(Weis, 2007: 83). 셋째, 경작에 투입되는 에너지의 형태에 따라 노동 생산성이 결정되는 것과 마찬가지로, 토지의 단위면적당 생산성은 토질 자체보다는 다양한 농업 투입물, 즉 종자와 비료의 품질이나 관개시설 유무 등 추가적 조건의 영향을 받는다. 마지막으로, 노동 생산성이 증가하면 더 적은 수의 생산자만으로 더 많은 사람을 위한 식량 생산이 가능하다.

그런데 생산성에 대한 상이한 측정 방식을 비교하면 지역 간 생산성 격차의 결과도 달라질 수 있다. 앞에서 살펴본 수치에 따르면, 미국의 평균 곡물 수확량(토지 생산성)은 사하라 이남 아프리카의 수확량보다 매우 많지만, 노동 생산성의 엄청난 격차와 비교하면 훨씬 적은 편이다. 따라서 특정 조건에서는 토지 산출량에 따른 비교가 노동 산출량에 따른 비교보다 적절할 수 있다.

19세기에 개발된 에너지 회계energy accounting나 보다 최근에 개발된 기후 회계atmospheric accounting는 생산량의 측정에서 환경적 요인을 고려한다. 농업 생산의 한 주기 내에서 노동과정의 다른 쪽 끝, 즉 단위노동 혹은 단위면적당 산출 쪽이 아니라 생산 초기에 단위작물당 투입한 에너지 단위(보통 칼로리로 측정한다)에 따른 상대적 효율성을 측정하는 것이다. 이 경우 간단한 손도구만으로 곡물 재배를 하는 '저투입' 영농이, 토지 생산성과 노동 생산성이 낮음에도 불구하고(따라서 더 적은 사람밖에 먹여 살릴 수 없지만), 기계화에 의존한 '고투입' 영농에 비해 더 효율적일 수도 있다. 더 나아가 재생 불가능한 자원의 잠재적 비용(석유나 화석연료로 움직이는 농기계)이나 오염 혹은 그 밖의 환경 질 저하 비용(토양 침식이나 질 저하)도 계산에 넣을 수 있다. 이런 요소를 고려함으로써 우리는 국제 경제활동에 특별하게 적용해온 생산과 소비의 '생태 발자국ecological footprint'을 영농에도 적용해볼 수 있다.

지금까지 영농에 활용하는 도구와 기술의 측면에서의 생산성과 인간 노동의 질과 양이라는 측면에서의 생산성을 설명했다. 여기서 인간 노동은 특수한 종류의 과업에 요구되는 역량의 총합이다. 그러한 역량이 충분히 발휘될 수 없으면 노동 생산성은 떨어진다. 예컨대, 아프리카나 인도의 농업노동자들은 도구(괭이든, 소가 끄는 쟁기든, 트랙터든)를 효과적으로 사용할 수 있는 기술과 자본이 부족해서 자신의 근력만으로 농사를 지어야 한다. 이에 더하여 영양 수준과 건강 상태, 좀 더 일반적으로는 '빈곤의 효과' 때문에 생산성이 더욱 떨어지기도 한다. 여기서 세 번째 요소를 고려해야 한다. 영농의 '원재료'는 서로 다른 자연환경에 의해 주어지며, 관리 여부에 따라 보전될 수도, 저하될 수도, 개선될 수도 있다. 따라서 생산성은 다음의 요소에 의존한다.

- 토양의 비옥도: 유기비료를 쓸지 화학비료를 쓸지에 따라, 혹은 경작 방식에 따라, 생산성은 저하될 수도, 유지될 수도, 개선될 수도 있음.
- 종자의 종류와 질: 수확량 개선 여부에 영향을 끼침.
- 용수 공급과 효율적 관리: 강수량이 불확실한 비관개 영농에서 생산성 결정에 특히 중요함.

생산과 생산성의 측면에서 지금까지 언급한 것들은 영농의 **기술적 조건** 중 일부를 다룬 것이다. 그러나 마르크스가 말했듯이 "정치경제학은 기술 그 이상이다"(Marx, 1973: 86). 농민의 실천은 다른 사람들과의 관계, 즉 영농의 과정에서 어느 단계에 속하는지, 그들이 사용하는 도구나 원료가 무엇인지(경작인지 축산인지 포함), 수확에서 그들의 몫은 어느 정도 되는지 등과도 관련이 깊다. 이러한 질문은 우리로 하여금 생산의 **사회적 조건**, 즉 생산이 조직되는 방식(기술 조건 포함)을 결정하는 사람들 사이의 관계를 생각하게 만든다.

노동분업과 협동

앞에서 살펴본 사례의 미국, 인도, 아프리카 농민이 자신이 소유한 도구를 직접 만들지는 않았을 것이다. 미국 농민의 경우는 자명한 사실이고, 오늘날 인도나 아프리카의 수많은 농민 역시 공장에서 생산한 곡괭이나 쟁기를 사용한다고 보는 것이 훨씬 현실적이다. 농민은 다른 사람, 즉 도구를 전문적으로 만드는 사람에게서 농기구를 얻어야만 한다. 이는 서로 다른 재화와 서비스를 생산하는 사람들 간 **노동의 사회적 분업**의 한 예다. 오늘날에는 노동의 사회적 분업을 구성하는 복잡성이 증가하면서, (효율적인 운송 수단과 통신의 발전을 전제로) 더 다양한 재화와 서비스가 더 넓은 지리적 공간까지 확대된다.

위의 세 나라 농민이 자기 도구를 스스로 만들어야 하는 상황을 가정해보자. 그렇다고 곡괭이, 쟁기, 트랙터를 공장에서처럼 생산한다는 것은 말이 안 된다. 공장제 생산은 **노동의 기술적 분업**, 즉 단일 상품을 제조하기 위해 상이한 과업을 수행하는 수많은 노동자의 조합을 필요로 한다. 다양한 과업 안에서 노동자의 일은 **전문화**specialization되어 있고, 따라서 노동자 간의 협동과 노동과정의 조정, 그리고 단일 생산자가 혼자 일해도 가능한 수준을 넘어서는 생산 규모의 확대가 필요하다. 즉, 한 대의 트랙터 생산에 필요한 모든 과업을 수행할 수 있는 개별 기계공의 성취보다 훨씬 높은 수준의 생산성을 가능케 한다.*

---

* 대공장에서 대량생산이 이루어지기 전 자동차 생산의 초기 상황이 이러했다.

노동의 기술적 분업이 높아질수록, 그에 요구되는 협동의 수준도 복잡해진다. 협동이 가능하다면 아래의 일들이 가능해지고, 곡괭이 같은 단순한 도구를 사용하는 농민의 노동 생산성도 높아질 수 있다.

- 공동 시설(곡물 창고, 물탱크 등)을 건설해 규모의 경제 창출하기.
- 혼자서도 가능한 노동과정(관개 수로에서 도랑 파기, 작물 보호용 펜스 설치 등)에 다른 이의 노동 조력을 받는 '보완 효과'.
- 결정적 시기(우기처럼 영농에서 중요한 계절성 요소) 내에 일을 마무리하려고 노동력을 집중시키는 '타이밍 효과'(von Freyhold, 1979: 22-25).

노동의 기술적 분업과 협동은 '전체는 부분의 합보다 크다'라는 중요한 함의를 갖는다(그래서 마르크스는 "집합적 노동자"라는 말을 썼다). 노동의 기술적 분업과 그것이 생산성에 끼치는 영향은 사회 조직화를 요구한다. 즉, 그 어떠한 단일 생산자와 노동자도 다른 이들의 활동으로부터 고립된 상태로 이해될 수 없다.

분업과 협동에 관한 지금까지의 설명을 통해, 생산의 기술적 조건, 특히 앞에서 말한 행위 주체성과 관련하여 이해가 넓어졌으리라 믿는다. 마르크스가 말한 '생산력'에는 단지 기술과 기술적 조건만 포함되는 것이 아니라, 생산 계획을 수립하고 이를 이행하며 개선해나가도록 자신을 조직화할 수 있는 사람들의 능력도 포함된다. 이 모든 것은 생산의 사회적 조건에 의해 규정된다.

재생산

앞서 지적했듯이 생산과정의 요소들 역시 생산되어야 한다. 영농에 사용하는 토지도 원래는 자연의 '선물'이지만, 인간과의 상호작용을 통해 변한 것이다. 농지의 지력은 고갈되거나, 유지되거나, 풍부해질 수 있다. 인간의 다른 행위와 마찬가지로 영농조건의 항상적인 생산에 요구되는 모든 것을 **재생산**이라 부른다. 생산수단(토지, 도구, 종자, 가축)의 재생산, 현재 및 미래 생산자의 재생산(즉, 출산과 양육), 생산자 및 그와 관련된 사회적 관계의 재생산 등이 여기에 해당한다. 이제 재생산의 모든 필요, 즉 미래의 생산 조건을 보장하는 것이 현재 생산된 것만으로 충당되어야 한다고 가정해보자. 생산과 재생산은 영속적으로 이어지지만, 특정 시기에 생산된 수확을 또 다른 재생산에 투입해야 하는 일종의 '재원funds'이라고 생각해보자.

먼저, 가장 분명한 **소비 재원**consumption fund부터 생각해보자. 모든 사람은 살기 위해 먹어야 한다. 즉각적이며 일상적 먹거리 수요는 주거 등의 필수재, 휴식 같은 보조재와 함께 대표적인 소비 재원으로 볼 수 있다. 수확의 일부는 생산자와 그의 노동에 의존하는 부양가족(농장 일에 적합하지 않은 어린이나 노인)의 소비를 위해 배당되어야 한다.

다음으로 **대체 재원**replacement fund을 검토해보자. 경작에 필요한 도구는 어느 시점이 되면 닳아 못 쓰게 된다. 그 밖의 각종 농업 투입재(마르크스의 용어로는 '노동 수단')도 쉽게 소모되는 경향이 있다. 대표적으로 종자와 비료는 매 영농 주기마다 소모된다. 따라서 생산된 수확물의 일부는 투입재를 대체하는 용도에 할당되어야 한다. 단, 대체 행위는 서로 다른 사회적 조건에 따라 다른 방식으로 발생한다. 역사적으로 대체 행위는 개별 농가 내에서 이루어졌다. 즉, 수확의 일부를 골라 다음 해 농사를 위해 종자로 보관했다. 단순한 도구는 농부 자신이 만들거나 이웃의 전문 장인(이 경우 다른 방식으로 그들의 일에 보상을 제공해야 한다)이 만든 것을 사용하면 족했다. 하지만 대체 재원의 양과 용도는 (농민의 구상이 아니라) 실제의 청구 상황에서 드러난다. 수확물의 일부를 종자용으로 저장하더라도 농한기 동안 생계유지를 위해 식량(소비 재원)으로 사용될 수도 있다. 때로는 농민이 직접 생산하기 곤란한 기초 생산수단이나 소비 수단을 구입하기 위해 사용할 수도 있다. 이처럼 대체 재원의 실제 용도는 처지에 따라 달라졌다.

대체 재원 중 독특한 용처가 있다. 바로, 다음 세대 생산자의 생산, 즉 **세대 재생산**generational reproduction이다. 이 장 도입부에 소개한 인용문에서 마르크스가 사용한 '인간man'은 의심의 여지없이 인간 일반을 지칭하는 것이지만, 비유에 등장한 건축가는 아마도 남성이었을 것이다(사실 그의 시대에 모든 건축가는 생물학적 남성이었다). 이 책에서 나는 **젠더**, 즉 성별의 차이를 특별히 언급하지는 않을 테지만 세대 재생산을 거론하려면 마르크스와 다르게 성별의 차이를 있는 그대로 드러내야만 한다. 세대 재생산의 첫 단계인 아이를 출산하는 일은 생물학적으로 여성으로 결정된 이들에게만 허락된 배타적인 역량이다. 물론 그 능력의 사용 여부는 사회적 행동이며, 사회적 관계에 의해 규정된다. 다시 말해, 여성만이 '선천적으로' 아이를 출산할 수 있지만, 생물학적 여성이 모두 아이를 낳는 것은 아니다. 더 나아가 **언제** 낳을지, **얼마나** 낳을지, 혹시 **낳을지 말지**는 매우 사회적인 질문이다. 특정 문화권에서는 아들을 낳아야 한다는 압력이 크다는 점까지 고려하면, 출산에서 당연하거나 자연스러운 것은 없다. 영아기 모유 수유 기간은 생물학적 여성(산모)만이 할 수 있고 해야 하는 일이기는 하지만, 아이의 양육 의무를 엄마, 할머니, 숙모, 손위 누이, 보모 등 생물학적 여성이 담당하는 일도 전혀 당연한 일이 아니다. 유사하게, 현 세대 생산자의 역량 유지를 위한 과업인 **가사노동**(조리, 청소, 세탁, 물 긷기, 땔감 모으기)을 주로 여성이 담당하는 것에도 생물학적 필연성이 있는 것은 아니다.

노동분업의 한 형태로서 가사노동을 좀 더 살펴보자. 앞서 살펴본 노동분업은 생산 단위 간 혹은 생산 단위 내에서 생산 활동의 전문화를 뜻한다. 젠더의 경우, 전문화는 특정 사회적 관계의 구조 내에서 사람들이 차지하는 위치에 의해 결정된다. 즉, 젠더관계는 사회 특성이나 사회 집단 내에서의 위치에 따라 다양한 형태로 존재할 수 있다. 젠더관계—여성과 남성 간의 사회적 관계와 이를 규정하거나 정당화하는 이데올로기를 의미—는 현실에서는 노동의 사회적 분업을 설명하는 가장 일반적 사례로 간주된다. 하지만 젠더관계는 역사적으로 변해왔고(즉, 자연적으로 '고정된' 것이 아니다), 그런 변화는 가사노동의 영역을 넘어서 다른 종류의 생산 및 재생산 활동에까지 확대되고 재생산되었다. 농업 체계 내에서도 성별화된 노동분업이 존재하지만 변화도 이루어져왔다.

마지막으로 **의례 재원**ceremonial fund을 검토해보자. 의례 재원은 문화와 농업 공동체에서 사회적 관계의 창출과 재생을 위해 노동의 산물, 즉 수확물의 일부를 할당하는 것이다. 농번기 시작 전의 마을 의례나 수확 후 축제가 대표적이다. 그 밖에 통과의례(출산, 결혼), 건물 신축, 공동체 일원의 죽음을 기리는 일(장례식과 제사)이나 마을 경조사(생일, 결혼), 새로운 가정을 이뤄 분가하는 일 등이 여기에 포함된다(Wold, 1966).

수확물의 일부를 위 세 유형의 재원을 위해 배당하는 일은 농업이 생계 활동과 사회생활의 중심에 있는 사회에서는 대부분 발견되며, 젠더나 세대(연장자의 권위를 인정할지 여부)에서의 부분적 차이를 제외하면 대부분 유사하다. 그런데 노동 산물의 배당에서 사회적 관계가 전혀 다른 청구 영역이 존재한다. 다음에 살펴볼 **지대 재원**fund of rent이 바로 그것이다.

잉여, 착취, 축적

대체 재원과 의례 재원은 시급한 소비에 소요되는 것 이상의 '잉여' 산물을 요구한다. 이는 진화적 순서에 따라 크게 세 범주로 구분되는 모든 사회에서 공통된 사실이다. 첫 번째 범주는 '생계 사회'라 부를 수 있는 형태로, 큰 변화 없이 소비(그리고 그에 적절한 인구 규모) 수준을 스스로 재생산하는 사회다. 그렇다고 이런 사회를 (다른 근대적 용어로) 가난하다고 전제할 필요는 없다. 실제로, 소규모 수렵 및 채취 공동체나 이동식 경작(화전)을 하는 집단에서 자신의 제한된 수요를 충족시키기 위해 지불해야 하는 노고는 상대적으로 작다. 정착 농경과 비교하면 확실히 그러하다(Sahlins, 1972).

역사학자 콜린 던컨에 따르면, 농업은 "구획되거나 경운된 땅에서 경작하는 활동"으로 이동식 경작이나 유목 활동과 확연히 구분된다. 대부분 학자는 농경 시대가 시작되면서 "인간과 자연의 상호작용 양식에서 이전 단계와는 분명한 단절"이 존재한다고 본다(Duncan, 1996: 13). 정착 농경은 곡물 경작과 동물 가축화를 통해 등장했다. 동시에 지대 재원의 필요가 발생했고, 이는 새로운 종류의 사회인 농업 계급사회를 등장시켰다. 농업 사회의 발전은 인구 규모와 밀도의 증가, 지배 계급의 형성, 국가, 도시, 도시 문화의 형성을 그 특징으로 한다.

지대 재원은 특정 사회적 맥락에서 농민이 생산량의 일부를 다른 이에게 지불해야 함을 의미한다. 돈을 받는 이는 지주인데 이들은 현물(농민이 생산한 곡물), 노동, 현금의 형태로 지대를 전유한다. 현물이나 현금 형태의 세금, 공공 노역, 군역을 부과할 수 있는 국가도 어떤 의미에서는 지주로 볼 수 있다. 마찬가지로 종교 지도자 집단도 지주가 되어 세금이나 십일조를 징수하는 권한을 행사할 수 있다. 농민의 다음 수확을 담보로 돈이나 현물을 빌려주는 대부업자나 상인도 지대 징수자가 될 수 있는데, 특히 이들의 등장 이후 화폐경제가 형성되기 시작한다.*

따라서 농업 계급사회에서는 비생산자 집단인 지배 계급의 지탱을 위해 생산자의 소비·대체·의례 재원의 충당에 필요한 것

---

* 화폐경제의 등장은 재생산에 필요한 모든 것을 현재 생산된 것으로부터 충족해야 했던 소비의 초기 형태로부터 사회경제 시스템이 전환되었음을 보여준다. 신용은 현재 소비와 재생산의 충당을 위한 미래 생산 혹은 미래 소득의 청구인 셈이다.

이상의 '잉여'가 생산되어야 한다. 이 잉여노동(생산자가 자신의 재생산에 사용하는 것을 제외한 노동)을 **전유**하는 인간 역량에 의해 **착취**의 사회적 관계를 출현했다.

농업 계급사회의 지배 집단은 왕족, 군대, 민간의 귀족층, 종교 지도자, 관료와 상인 그룹으로 구성된다. 지배 집단(그리고 하인, 용병, 종교 사제, 사무원, 궁정 화가, 시인, 건축가처럼 지배 집단을 수행하는 이들)의 소비와 재생산은 생산자에 대한 착취에 기초한다. 생산자는 노예, 봉건 농노, 혹은 소작농이나 장인일 수도 있다. 아시아, 북아프리카, 유럽, 중앙아메리카에 존재했던 유명한 농업 문명의 대다수가 농업 계급사회를 이루었고, 영토와 인구의 확장 시기를 경험했다. 그런 확장은 때때로 영농이나 다른 생산 활동의 기술과 조직, 통신(전보의 발명 등), 교통(특히 수운), 교역, 군사력 등에서의 혁신에 의해 추동되었다.

통치 계급이 잉여노동을 더 잘 전유하려고 경제활동을 규제하거나 촉진시키는 경우(예를 들어, 관개 수로의 건설과 관리를 위한 조직화)는 있었지만, 체계적인 방식으로 사회의 생산력을 발전시킬 목적으로 그들이 전유한 잉여 생산물을 '저축'하거나 재투자하는 일은 없었다. 잉여는 부의 원천(지대, 세금, 조공)인 토지와 노동력에 대한 점유, 권력 유지(군대의 양성과 유지), 호화 생활(사치재 소비, 궁궐, 사원과 교회 건설, 종교와 예술 후견)에 사용되었다.

이윤 생산, 다시 말해 **축적**을 목적으로 한 생산 규모의 확대와

생산성 증대를 위한 노동 착취는 또 다른 범주인 자본주의 사회
를 규정하는 특징이다. 이 사회의 특징은 다음 장의 주요 주제이
나, 이 책 전반에서 관심을 갖는 주제이기도 하다. 다음 장으로
넘어가기 전에 정치경제학의 네 가지 주요 질문과 관련한 몇 가
지 개념을 요약·정리해보자.

정치경제학의 네 가지 핵심 질문

'누가 무엇을 소유하는가?' '누가 무슨 일을 하는가?' '누가 무
엇을 가져가는가?' '그들은 그것으로 무엇을 하는가?' 정치경제
학의 이 네 가지 핵심 질문은 생산과 재생산의 사회적 관계에 관
한 것이다.

1. 누가 무엇을 소유하는가?

첫 번째 질문은 상이한 '소유' 체계의 사회적 관계, 즉 생산수
단 및 재생산수단의 분배 방식에 관한 것이다. 소유권과 소유는
역사의 다양한 시기에 다양한 종류의 사회에서 다른 의미를 갖
는다. **사적 소유권**과 **사적 소유**라는 개념과 제도는 자본주의하에
서 발명되었고, 자본주의하에서 이 규정은 스스로 정당화되어

왔다. 영농의 근간이 되는 토지와의 관계에서 특히 그러한데, 토지의 사유 재산화 혹은 **상품화**의 확산은 자본주의를 규정하는 대표적 속성이다.

2. 누가 무엇을 하는가?

두 번째 질문은 노동의 사회적 분업에 관한 것이다. 사회적 생산과 재생산 활동 중 누가 어떤 일을 수행하는지는 해당 사회의 구체적인 사회적 관계에 의해 구조화된다. 다시 말해, 생산 단위 내에서 특화된 업무를 책임져야 하는 사람들 사이, 서로 다른 종류의 물건을 만드는 생산자들 사이, 남성과 여성 사이, 농업 사회나 자본주의 사회의 상이한 계급 사이에 형성된 사회적 관계가 노동의 사회적 분업을 구조화한다.

3. 누가 무엇을 가져가는가?

세 번째 질문은 노동의 '산물'에 대한 사회적 분배 혹은 보다 공식적인 용어로는 소득의 분배에 관한 것이다. 사적 소유권이나 재산과 마찬가지로, 이 용어는 자본주의에서 개인이나 기업이 얻을 좁은 의미의 화폐 소득으로 한정되지 않는다. 자본주의 이전의 사회에서 혹은 오늘날 자본주의하의 일부 중요한 일상 영역에서, 화폐 소득의 형태로 환원되지 않는 노동의 산물이 존재해왔다. 대표적인 예로, 소농이 자기 소비를 위해 생산한 먹거리 혹은 가사노동이나 그 밖의 부불 노동의 산물 등이 여기에 해당한다.

4. 가져간 것으로 그들은 무엇을 하는가?

네 번째 질문은 소비, 재생산, 축적의 사회적 관계에 관한 것이다. 앞에서 나는 소비, 대체, 의례 활동을 위한 재원이라는 용어로 이를 설명했다. 이는 대부분의 초기 농업 사회에서부터 발견되며, 지대 재원의 경우는 농업 계급사회의 형성과 함께 나타났다. 그 밖에 생산적 축적을 목적으로 잉여노동을 전유하는 것은 자본주의의 독특한 특성이다. 이 마지막 질문은 서로 다른 생산과 재생산의 사회적 관계가 어떻게 사회적 산물의 분배와 사용을 결정하는지에 관한 것이다.

이상의 네 가지 핵심 질문을 가정, 지역, 국가, 글로벌 경제 공동체까지 다양한 장소와 다양한 경제활동 규모에 적용해볼 수 있다. 또한 다른 시대, 다른 종류의 사회에도 적용할 수 있다. 그런데 네 가지 질문에는 암묵적인 순서가 있다. 소유의 사회적 관계는 노동의 사회적 분업을 규정하고, 노동의 사회적 분업은 소득의 사회적 분배를 규정하며, 이어서 소득의 사회적 분배는 소비나 재생산을 위한 사회적 산물의 용도를 결정한다. 자본주의의 경우에는 여기에 축적도 포함된다.

2

자본주의의 기원과 초기 발전

자본주의의 규정적 특성

아래에 설명한 '일반화된 상품 생산' '축적의 필연성' '노동력의 상품화'는 생산양식으로서 자본주의의 규정적 속성이다.

일반화된 상품 생산

자본주의에서 상품 생산은 독특하게 체계적이며 **일반화된다.** 이윤을 얻으려고 시장 교환용 상품으로 생산되는 재화와 서비스의 목록은 끝없이 확대된다. 자본가들 사이의 경쟁은 혁신과 생산성을 추동하며, 생산력의 체계적 발전은 자본주의에서만 고유하며, 또한 과잉생산 경향을 야기한다(4장 참고).

축적의 필연성

자본주의는 **생산 자본**productive capital의 중요성을 핵심적 특징으로 한다. 생산 자본은 생산수단(토지, 도구, 기계, 원재료 등)과 그 생산수단을 가지고 일하는 노동력에 투자된다. 나아가 투자는 새로운 상품, 즉 투자로부터 이윤을 실현하는 필수 단계로서 새로운 가치를 창출하는 과정을 조직한다. 마르크스는 그것을 다음과 같이 묘사했다. 화폐(자본, M)는 상품(생산수단과 노동력, C)에 투자되는데, 이는 더 큰 화폐 가치(M′)를 갖춘 상품을 생산하기 위해서다. 공식화하면, M–C–M′. 그리고 이윤은 더 많은 생산과 이윤의 축적을 위한 끊임없는 주기 안에서 더 많은 이윤을 위해 재투자된다. 마르크스는 이를 자본의 확대 재생산이라고 불렀다. 자본주의는 역사상 처음으로 노동력과 생산수단(토지도 마찬가지로)을 폭넓은 의미에서 상품으로 사용하는 것을 전제로 한 생산양식이다.

노동력의 상품화

서론에서도 간략하게 언급했던 자본주의적 생산양식의 가장 고유한 특징은 생산수단의 소유자인 자본가와 생계(혹은 재생산수단) 유지를 위해 노동력 혹은 일할 수 있는 역량을 교환하려는 노동자 간의 **사회적 관계**에서 유래한다. 노동력은 생산에서 사용되는 원래 가치보다 더 큰 가치를 창조하는 유일한 상품이기에 근원적이다. 그 이유를 다음과 같이 이론적으로 해명할 수 있다.

- (여타의 상품 가치와 마찬가지로) 노동력의 가치는 상품 생산과정에서 사라지는 노동을 뜻하며, 그것과 교환되는 임금의 형태로 표현된다.

- 노동력은 자본가의 자산이 되며, 자본가는 노동력을 구매하고 더 큰 가치를 지닌 새로운 상품을 사용하는 데 노동력의 용도를 결정한다.

마르크스는 노동력에 대한 투자를 **가변**자본이라고, 생산수단 (기계, 원재료 등)에 대한 투자를 **불변**자본이라 명명했다. 전자가 가변적인 이유는 '살아 있는' 노동력의 작용만이 새 가치를 만들어낼 수 있기 때문이다. 후자가 불변적인 것은 생산수단은 단지 그들의 (지난 생산의 결과물인 죽은 노동력으로서) 현재 가치를 새롭게 만들어낸 상품에 이전할 수 있기 때문이다. 가변자본의 가치(M의 일부)와 투자에 의해 만들어진 새로운 상품의 가치(M′)의 격차가 잉여가치인데, 이것이야말로 자본주의적 생산에서 전유되는 잉여노동의 특수한 형태이자 자본가가 차지하는 이윤의 원천이다.[*]

노동력은 또 다른 질적 특이성을 갖는데, 바로 그 소유자의 신체 및 정신과 불가분의 관계라는 점이다. 노동력의 소유자인 노동자는 자신의 일할 역량의 판매자로서 착취의 조건에 저항하거나, 그 조건을 완화하거나, 혹은 전복하기 위해 집합적 행동으로 뭉칠 수 있다.

---

[*] 잉여가치율rate of surplus value은 생산에 투자된 가변자본 대 새로운 가치의 비율이며, 이윤율rate of profit은 생산에 투자된 가변자본 및 불변자본에 대한 새로운 가치의 비율이다.

마르크스에 따르면, 자본주의에서 노동자는 생산수단을 소유한 자들(자본가)과 임금을 매개로 자신의 노동을 '자유롭게' 교환한다. 하지만 그의 지적대로 이는 동시에 매우 역설적이다. 자본주의하에서 노동자는 (예컨대 노예와는 달리) 합법적으로 자유롭지만, 만약 그들이 임금과 자신의 노동을 교환하지 않겠다고 '선택'하면 어떻게 될까? 그의 답은 다음과 같다. 이전의 계급사회에서 노예나 농노처럼 법적·정치적 의무에 속박된 노동이 자본주의하에서 "경제력의 차이에 따른 암묵적 강제"로 대체되었을 뿐이라고. 노동력을 팔거나 굶주려라. 그것은 너의 '선택'이다.

본원적 축적

일반화된 상품 생산, 축적, 노동력의 상품화가 어느 날 갑자기 모든 곳에서 완전한 형태로 등장한 것은 아니다. 언제, 어디서, 어떻게, 왜 그것들이 출현하는지는 자본주의의 기원과 발전에 관한 토론에서 매우 논쟁적인 질문이다. 그 논쟁에서 핵심 개념이 바로 본원적 축적primitive accumulation, 즉 전前 자본주의 사회가 자본주의로 이행하는 과정이다. 자본주의적 생산, 착취, 축적의 사회적 조건은 애초에 전 자본주의 사회에서 활용 가능했던 수단들을 기초로 성립된다. 그러므로 본원적 축적은 일반적으로 '비시장적' 관계와 동학, 혹은 '경제 외적인 강제'라 정의되며, 이는 선진 자본주의의 특징인 시장에서 유래하는 경제적 강제와 구별된다.

자본주의의 기원 1: 농업 이행의 경로

영국식 경로

일부 학자는 근대 자본주의가 18세기 후반 이후의 산업혁명과 더불어 등장했다고 본다. 분명히 (공장에 기초한) 근대 산업화와 그에 수반된 모든 것의 출현은 그 이전의 모든 역사(특히 근본적으로 농업 사회에 기초했던)와의 결정적인 단절을 특징으로 한다. 하지만 자본주의적 영농으로의 이행이 선행했고, 뒤이어 영국에서 첫 번째 산업혁명이 가능하게 되었다고 주장하는 학자들도 있다. 이러한 주장에 따르면, 자본주의는 15~16세기 동안 유럽, 그중에서도 영국이 봉건제에서 산업 사회로 이행하던 시기에 발생했다. 봉건제는 토지 소유와 농업노동 간의 계급관계에 기초하는데, 소작농이 생산한 '잉여'는 1장에서 서술한 다양한 형태의 지대를 통해 지주에게 이전된다. 소작농은 작은 땅에서 생계를 위한 생산 활동도 하지만 동시에 봉건 영주에게 바칠 지대나 공물도 생산해야 하며, 노역labour service이나 노동 지대labour rent의 형태로 지주의 사유지에서도 일해야 한다(3장의 〈표 3.1〉 참고).

중세 말(14~15세기) 유럽에 닥친 사회경제적 위기는 일반적이었으나, 각 봉건 사회에서 그 결과는 각각 달랐다. 영국은 봉건제가 자본주의적 토지 소유, 농업자본, 무토지 농민으로 구성된 새로운 농업 계급 구조에 점진적으로 길을 내준 첫 번째 사례다. **자본주의적 토지 소유**는 토지가 상품이 되고 소유자가 사적 소유권을 가지며, 따라서 토지의 양도(토지의 매매, 임차와 임대)가 가능해졌다는 점에서 전 자본주의 농업 계급사회와 질적으로 다르다. 이로써 농촌의 자본주의적 토지 소유권의 소유자가 반드시 스스로 (자본주의적 농민처럼) 경작할 필요는 없어졌고, 소작이 필요한 사람에게 임대가 가능해졌다.

자본주의 이전의 농업 사회에 있던 소작 제도(혹은 유사 형태)는 오늘날 제3세계의 일부 지역, 특히 아시아(서론에서 예로 들었던 방글라데시처럼)에서 광범위하게 유지되고 있다. 영국에서 벌어진 농업자본주의로의 이행에서 중요한 특징은 신흥 **농업자본**의 형태를 띤 임차농이 나타났다는 점이다. 그들은 상업적 목적, 즉, 이윤과 축적을 위해 상품 생산에 **투자하기 위해** 땅을 빌렸다. 요약하면, 그들은 생산 자본가였다. 그러므로 '그들이 임차한 농장에서 일할 노동력은 누가 제공했는가?'라는 질문이 제기된다.

이 질문의 답은 농업자본주의에서 세 번째이자 중요한 계급인 **무토지 노동자**로 연결된다. '무토지landless'는 모든 농업 사회에서 특히 강력한 사회적 낙인이다. 농업 사회에서 농민은 농업 공동체의 성원에게 주어진 사용권, 일부 소작의 형태, 혹은 새로운 경작지 확보를 위한 한계지 개간clearing frontiers 등을 통해 토지에 대한 접근권을 얻는다. 그런데 만약 당신이 일할 토지가 없다면, 당신은 어떻게 생계수단을 확보할 것인가? 무토지 노동 계급은 소작농이 프롤레타리아화하면서 만들어지며, 이 과정에는 필수적으로 탈취dispossession라는 본원적 축적이 나타난다. 영국에서 탈취의 메커니즘은 토지의 상품화(그리고 자본주의적 임차농에서 대여하는 것)였다. 토지의 상품화는 공유지(농민 공동체가 가축을 먹이고, 땔감을 모으거나 낚시와 사냥을 하며, 그 밖에 각종 부산물을 채취하는 활동이 이루어지던 땅)에 대한 인클로저를 포함한다.

마르크스가 규명한 자본주의 등장의 주요 특징은 보편적 중요성을 지니지만, 그의 이론은 영국의 특수한 역사적 경험에 기초를 두고 있다. 그의 말년의 역작이 만들어진 곳이 가장 선진적인 자본주의 경제 체제를 선취한 영국이고, 그 시기에 1차 산업혁명의 산통이 절정이었음을 감안하면 이해할 만하다. 하지만 '고전적' 사례로 취급되는 영국의 농업 이행은, 그러한 전환이 최초로 발생했다는 점에서 분명히 예외적일 수도 있음을 명심해야 한다. 다시 말해, 영국의 경로가 반드시 농업 이행에 관한 설득력 있는 일반 모델은 아니라는 것이다. 농업 이행의 메커니즘 측면에서도 혹은 특수한 형태(즉 자본주의 토지 소유, 농업자본, 프롤레타리아화한 노동의 계급 삼부제)에서도 말이다. 잘 알려진 또 다른 역사 경로들을 더 살펴보자.

프러시아식과 미국식 경로

마르크스가 영국식 이행 경로를 밝혀냈다면, 레닌(1870~1924)은 그와 구별되는 프러시아식, 미국식 경로를 제시했다(Lenin, 1964a). 프러시아식 경로에서는 전 자본주의 봉건제의 토지 소유 방식이 스스로 자본주의적 상품 생산으로 전환되었다. 이전에 소작으로 일했던 노동력은 의존적인 임금노동자로 바뀌었으며, 가난한 농촌 지역의 농민은 다른 지역의 계절제 농장 노동자가 되기도 했다.* 레닌은 이런 사례를 19세기 독일 동부(이곳 농장의 이주 농업노동자는 폴란드에서 왔다)에서 찾을 수 있다며 '프러시아식 경로'라고 불렀다.

미국 북부와 서부의 농업자본주의는 구세계 유럽(식민지 라틴아메리카의 일부. 3장 참고)에 만연했던 봉건제로부터 이행하여 등장한 것이 아니라는 점에서 미국식 경로는 독특함을 지닌다. 미국식 경로에서는 한때 독립적 소농이었던 집단에서 자본주의적 영농이 출현하기 시작했는데, 이들은 18세기 후반 이래로 상품관계의 경제적 강압에 점점 더 종속되었다(Post, 1995). 이러한 역사적 조건 안에서 초기 소농의 계급 분화는 이 책에서 다루어질 중요한 주제이기도 하다. 프러시아식 경로에서는 봉건제에서 기

* 남반부와 북반부의 대부분 농촌에서 동일한 패턴을 찾을 수 있다.

〈표 2.1〉 농업 이행의 경로: 영국, 프러시아, 미국

	소작농	지주	생산 형태	이행의 성격
영국식 경로 (15~18세기)	농노제에서 임차제로 소농의 점진적인 분화 (14~15세기).	봉건 영주에서 민간 토지 소유자 (16~18세기, 인클로저 포함).	자본주의적 토지 소유, 자본주의적 농민(소작농 포함), 농업 임금노동자의 삼위일체.	자본주의적 농업 이행의 시초. 특징적으로 생산에 대한 투자를 독려하기 위해 지대를 제한할 의사를 지닌 '교화된' 지주가 나타남. → 18세기 농업혁명.
프러시아식 경로 (16~19세기)	1807년 농노제 폐지 (프랑스혁명의 영향).	융커.	지주 소유의 장원 (그룬트헤어샤프트Grundherrschaft)에 상업적 토지 경제(구테르샤프트 Gutherrschaft)로 변화. 후자는 대부분 속박된 임금노동자(과거 농노)와 결합됨. 1870년 이후 (이주) 임금노동자 증가.	'봉건 지주 경제 내적 변형'(레닌의 해석) 혹은 '위로부터의 자본주의'. 융커 계급 없이 소작농 분화가 일어난 남부 및 서부 독일과 비교됨. → '아래로부터' 자본주의적 영농의 등장.
미국식 경로 (19세기)	봉건제 부재. 북부: 독립적인 소농 (17~18세기). 남부: 노예제 플랜테이션 (17~19세기).	남부 플랜테이션을 제외하면 대규모 토지 소유는 없었음.	18세기 후반부터 독립적 소농이 단순상품생산자로 전환. 1860년대부터 (상업적) 가족농 확산 (특히 정부 지원에 의해 미시시피 서부에 정착). 상대적 노동력 부족으로 임금 비용이 높음. → 1870년대부터 기계화 시작.	북동부 및 대초원 지대 정착지에서 '아래로부터' 소상품생산이 시작됨. 19세기 캘리포니아에서 자본주의적 농업 등장. 남부에서는 대규모 자본주의적 농업으로의 이행이 뒤늦게 발생함(대부분 1945년 이후).

원한 독재적 지주이자 군인 계급인 융커Junkers가 핵심적인 역할을 했다. 제정 러시아Tsarist Russia에서 이에 준하는 집단이 있었기에, 레닌은 프러시아식 경로보다는 미국적 경로가 보다 진보적인 전망을 제공해주리라 기대했다.

이상의 세 개의 경로는 테렌스 바이레스의 창의적 연구(Byres, 1996)를 바탕으로 〈표 2.1〉처럼 요약될 수 있다.

동아시아 경로

바이레스(Byres, 1991)는 일본과 남한에서 자본주의적 산업화에 기여한 농업의 독특한 역할에 관심을 가졌는데, 이 내용을 〈표 2.2〉에서 요약했다. 이 두 사례에서는 토지 인클로저를 통해 소농을 탈취하는 영국식 경로 같은 농업자본주의로의 이행을 찾을 수는 없다. 대신 여기에서 우리는 산업화를 위한 본원적 축적을 볼 수 있는데, 프레오브라젠스키는 이를 "국가가 농민을 세금으로 수탈하고, **이렇게 획득한 자금의 일부가 자본으로 전환되었다**"라고 설명했다*(Preobrazhensky, 1965: 85).

이상의 설명이 보여주듯이, 이행 경로는 역사적으로 다양하고

---

* 물론 모든 역사 과정을 고려하면, 이야기는 좀 더 복잡해진다. 19세기에서 20세기 초반 일본의 농민은 과중한 세금에 시달렸지만, 지주와 국가의 장려에 힘입어 실제 쌀 생산량도 증가했으며 농사 부산물을 이용해 다양한 지역 산업을 일으켰다(Francks, 2006).

복잡하며 분석하기 어렵다. 예컨대, 동아시아의 사례는 다른 경로, 즉 영국식 경로와 프러시아식 경로, 미국식 경로에서 발생했던 농업자본주의로의 이행 없이 소농식 농업으로부터 자본주의 산업화를 위해 '잉여'의 일부를 제공해야 했다. 여기서 다양한 질문이 제기될 수 있다.

〈표 2.2〉 이행 경로: 동아시아

	소작농	지주	생산 형태	이행의 성격
일본식 경로 (19~ 20세기)	임차 중심 1860년대에서 1940년까지 증가.	대부분 농촌에 거주하며 영농 개선에 이해관계를 가짐.	임차 가족농(조방적 지역 공예산업과 공생). 1945년 토지개혁 이후 자작농화.	소작농에 대한 징수 (탈취는 아님)를 통한 본원적 축적. 국가가 핵심적 역할 수행.
남한식 경로 (a) 일본 식민지 시기	임차 중심 (일본과 동일).	일본인(식민효과)과 조선인.	강도 높은 지대와 세금 때문에 소작농은 극한의 노동 강도를 견뎌야 했음.	농업 변동 없음. 하지만 일본 수출용 쌀농사와 설탕 생산* 독려를 위한 식민 정부의 일부 투자가 있었음 (예: 관개 사업).
(b) 1950년대, 1960년대 토지개혁	자작농.	자작농.	가족농(극한 노동 강도는 유지).	공업화를 위한 국가 주도 본원적 축적이 이루어짐. 소농에게 걷은 과도한 징수가 공업화에 투자됨.

* 저자의 주장과는 달리 조선에서 수출용 설탕 생산이 이루어진 사례는 사료로서 증명되지 않는다. – 옮긴이

- (영국의 경우처럼) 자본주의 발전은 언제나 농업자본주의로의 이행에서 시작되어야 하는가?
- 농업 변동의 요인과 그러한 변화로 만들어진 농업 생산 형태의 측면에서 볼 때, 자본주의의 발전과 농업 변동의 과정들 사이에서 폭넓은 연계 고리를 찾을 수 있는가?
- 서로 다른 '국가' 경로들(영국, 프러시아, 미국, 일본, 남한) 혹은 자본주의의 기원과 이후의 '세계 체제'로의 발전이 상이한 장소, 상이한 시기에 이루어졌다는 사실이 자본주의의 발전에 관한 이론적·역사적 이해 증진에 도움이 되는가?

이제 나는 위에서 제기한 질문에 답을 제공하기 위한 나의 접근법을 소개할 예정인데, 이 접근법은 농업자본주의의 이행을 '국가별' 경로로 접근한 방식과는 다르다.

자본주의의 기원 2: 상업자본주의의 오랜 도정

근대적 공업화 이전의 자본주의의 기원과 발전에 관한 논의는 장기간의 '상업자본주의'를 중심으로 펼쳐진다. 일부 학자는 상업자본주의의 기원을 12세기라 주장하지만, 일반적으로는 15세기 중반을 상업자본주의의 시발점으로 본다. 마르크스의 개념을

명쾌하게 적용한 바나지(Banaji, 2010), 자본과 노동 간의 계급관계
보다는 금융 축적 주기와 국가 형성에 강조점을 둔 지오바니 아
리기의 연구(Arrighi, 1994)가 대표적이다. 제이슨 무어의 야심찬
연구들(Moore, 2003; 2010a; 2010b)은 축적 형태, 점점 더 확대되는
'상품 개척지'(농업, 산림, 광산, 에너지 분야)의 지리학, 생태적 변화 간
상호관계의 관점에서 자본주의 발전의 장기 역사를 설명하는 것
을 목표로 삼았다.

상업자본주의에서의 자본

장기간의 상업자본주의에서 핵심적 집단은 다음과 같다. 영
지에서 특화된 상품 생산을 조직한 귀족적 지주 계급(나중에는
식민지 지주가 됨)(Banaji, 1997), 수공예나 여타의 제조업 생산자에
게 신용과 원자재를 제공한 상인 계급(Banaji, 2007), 광업과 임
업 같은 추출산업의 회전율을 높인 자본가 계급(Moore, 2003;
2010a), 그리고 아리기(Arrighi, 1994)와 바나지(Banaji, 2007)가 특
별히 강조했던, 상업자본주의 발전을 위한 상당수의 자금을 직
간접적으로 충당했던 금융가 계급이 이에 속한다. 이상의 집단
은 이윤을 위해 노동을 착취하고, 투자를 통해 생산 규모와 생
산성을 확대하고, 새로운 상품 생산지나 상품 종류 및 상품 시
장을 개발하고 자본을 투자했고, 따라서 이들은 진정한 의미에

서 자본가였다.[*] 이런 활동들은 분명 근대 산업자본의 등장 이전에도 가능했다. 영국식 이행 경로가 새로운 유형의 농업자본과 노동을 만들어내기 이전에, 혹은 [동일 시기에] 독립적으로 이와 같은 수많은 사례를 찾을 수 있다.

상업자본주의에서의 노동

이윤 추구를 위한 생산 규모의 확대 요구로 추동되는 노동 착취는 (다양한 형태로 존재하는) 자본이 하는 일을 정의하는 데 유용한 설명을 제공한다. 그렇다면 자본의 착취 대상인 노동에 관해, 역사적으로 다양한 형태에 적용할 수 있는 유사하게 간결한 정의도 존재하는가? 자본에 의한 노동 주체의 포섭, 마르크스의 용어대로라면 착취를 가능하게 만드는 것은 무엇인가?

앞서 나는 이 질문에 대한 표준적인 질문을 정리했다. 자신의 노동력 혹은 일할 능력 말고는 아무것도 소유하지 못한 이들(프롤레타리아)은 생계, 즉 재생산수단을 획득하려고 임금을 받고 노동력을 팔아야만 한다. 그러나 자본주의로의 이행 과정에서 소농은 토지(및 여타의 생산수단)의 강탈 없이도 상품관계나 시장 밖

[*] 무어(Moore, 2010a)는 1450년 이후 한 세기 동안 생산력 증대의 주요 동력이 광산, 설탕 생산, 임업, 철강과 조선에 있었다고 주장했다. 그런데 이 목록에 주식인 곡물 농사는 없었다는 점에 유의하라.

에서 스스로 재생산할 능력을 잃어버렸다. 이런 역학관계를 로버트 브레너(Brenner, 2001)는 **생계의 상품화**commoditification of subsistence 라고 명명했다. 이 개념은 '프롤레타리아화'라는 개념이 담고 있는 노골적인 전면적 강탈보다 자본에 의한 노동 포섭에 대한 보다 일반적인 이해를 제공한다. 따라서 '자유로운' 임노동의 조건은 생계의 상품화의 그저 한 형태를 대표한다(물론 가장 진화된 형태로 이해될 수는 있다).

상업자본주의에서 사용되는 '자본'이나 '자본가'의 개념은 마르크스가 정의한 '자본주의적 생산양식'과 비교할 때 훨씬 광범위하고 유연한 개념이다. 마르크스는 산업자본주의의 관계 안에서 자본주의적 생산양식을 이론화했고, 동일하게 이 개념을 노동 계급에도 적용했다. 바나지의 주장에서 핵심은, 자본은 상이한 역사적 조건들에서 광범위한 사회적 배열을 통해(예컨대, 플랜테이션에서 특화된 상품을 생산하는 노예도 포함된다) 노동을 착취할 수 있었다는 점이다. 그는 상업적 대토지에서의 상이한 노동체제 labour regime(3장 참고)와 상이한 노동과정에 대한 유익한 비교를 제공했는데, 그가 비교한 대상의 범주는 이집트에서부터 로마 지배기의 말년, 식민지 멕시코와 페루를 거쳐 라틴아메리카 독립 후의 아시엔다 및 남아프리카나 식민지 케냐의 유럽 출신 정착농까지 다양했다(Banaji, 1997). 더 나아가 그는 비교를 통해 '무토지 노동자' '임차농' '소농' 같은 범주가 실제로 얼마나 유동적이며 모호한지 드러냈다. 같은 사람이 시기에 따라 이상의 지위들을 오고갈 수 있고, 어떤 경우에는 두 지위를 동시에 취할 수도 있기 때문이다. '자유로운' 노동과 '자유롭지 못한' 노동을 구분하는 범주들도 유사하게 유동적이고 모호하다. '자유로운' 프롤레타리아 임노동자는 역사 발전에서 자본주의의 가장 '진화한' 노동 형태이며 자본주의의 발전에 따라 상대적 비중도 늘어가고 있지만, 임노동자는 자본에 의해 착취당하는 다양한 형태의 노동 중 그저 한 종류일 뿐이다. 따라서 임노동자를 자본주의의 기원과 발전의 규정적 특성으로 볼 수는 없다.

이행의 경로와 자본주의의 세계사

마지막으로, 상업자본주의의 장기 역사에 관심을 가졌던 학자들이 자본주의는 그 기원에서부터 '세계 역사적'이라고, 즉 필연적으로 무역과 금융의 국제화를 취한다고 한 주장은 매우 일리가 있다. 아리기는 자본주의 세계 체제의 역사에서 4개의 연속적인 '축적 체제'—제노바-이베리아(15세기에서 17세기 초반), 네덜란드(16세기 후반에서 18세기 후반), 영국(18세기 중반에서 20세기 초반), 미국(19세기 후반 이래로, 20세기 후반부터는 헤게모니 또는 지배력이 약화된다고 볼 수 있다)—를 설명했다(Arrighi and Moore, 2001). 이 시기 구분에서 보면, 영국에서 농업자본주의의 기원적 이행이 발생했을 때는 세계 자본주의에서 네덜란드가 헤게모니를 가졌던 시기이며, 영국은 산업혁명이 시작되고 나서야 비로소 헤게모니를 쥘 수 있었다.[*]

이론과 역사: 복잡성

지금까지 농업자본주의에 대한 상반된 두 개념을 다루었다. 먼저 일반적으로 영국식 경로로 알려진 형태로, 자본주의적 토지 소유와 농업자본이 고용하는 무토지 (프롤레타리아) 임노동자로 구성된 계급 구조를 농업자본주의의 독특한 규정적 특징으로 바라보는 관점이다. 다른 하나는 하나의, 단일한, 혹은 '순수한' 농업자본주의라는 주장을 기각하는 바나지의 견해다. 그는 "농업자본주의는 산업으로서 농업에 종사하는 농민 계급에 대한 노동의 탈취와 통제에 기초해 이해하는 것"이 더 낫다고 주장했다(Banaji, 2002: 115). 그는 서로 다른 역사적 환경에서 자본에 의한 농업노동 통제와 탈취의 구체적 형태는 다양하다는 점을

---

[*] 농업자본주의로의 최초 이행과 초기 자본주의적 산업화의 측면에서 네덜란드와 영국은 근접한 경쟁관계에 있었다는 점에 주목하자(물론 그 이후의 경로는 상이하다). 아리기는 남유럽에서 북유럽으로, 지중해에서 대서양으로 무역과 금융 중심지가 이동함에 따라 지구적 자본주의 발전에서 경제 권력의 중심이 이동했다고 설명한다.

강조했다. 즉, 노동 포섭의 서로 다른 경로는 축적의 서로 다른
경로와 연결된다.

또 다른 논쟁적 이슈, 즉 서로 다른 두 접근법은 산업의 '자본
주의적 생산양식'을 이론화하기 위해 마르크스가 정식화한 추상
적 개념을, 본질적으로 농업 사회였던 자본주의의 기원 혹은 발
전의 초기 단계를 이해하는 데 소급해 적용할 수 있는지, 혹은
적용해야 하는지에 관한 것이다. 예를 들어, 다음의 질문을 생각
해보자.

- 마르크스의 《자본론》에서는 생산에 투자된 자본과 상품 유통
  에 투자된 자본을 각각 산업자본과 상업자본으로 구분했다.
  이런 구분을 산업화 이전 '상업자본주의'의 역사에 얼마나 엄
  격하게 적용할 수 있는가?
- 잉여가치의 전유(착취)와 그에 따른 자본가의 이윤의 기초인
  노동력은 자유로운 임노동자로 고용된 프롤레타리아에게만
  엄격하게 한정해야 하는가?
- 세부 형태에서 역사적으로 매우 다양한 자본과 노동이 '자본
  주의적'(자본주의의 기원과 발전의 통합적 요소들)인지 아닌지 어
  떻게 결정할 수 있는가? 자본주의적이지 않다고 판단한 자
  본-노동 관계가 있다면, 그것을 '전 자본주의적'이라 이해하
  는 것은 합당한가? 본원적 축적 과정의 일부로 해석하는 것은

어떨까? 그도 아니면, 자본주의 발전의 상이한 장소와 시대에서 나타난, 더도 덜도 아닌 자본주의의 '진화된' 형태로 볼 수는 없을까?

• 지구적인 규모에서 자본주의 발전은 매우 불균등하지만, 대부분의 시공간이 여기에 연결되어 있다. 이처럼 더 넓은 자본주의 체제의 특정 분야 혹은 부문 안에 덜 '진화된' 자본-노동 형태가 존재할 수도 있을까?

앞의 두 질문은 이 장에서 어느 정도 다루었다. 뒤의 두 질문은 자본주의의 기원에 관한 개념 규정과 토론에서 자본주의 세계경제의 형성과 작동에 관한 개념과 토론으로 옮겨 가야 가능하다. 뒤의 두 질문에 답하려면 16세기부터 20세기까지 유럽 식민지의 다양한 단계를 파악해야 한다. 무엇이 식민 지배를 추동했나, 그 형식은 어떠했나, 그로 인해 어떤 농업 변화가 발생했으며, 그 결과는 무엇이었나? 이상은 이어질 3장의 주요 주제다. 3장에서는 이 장에서 다룬 자본주의 기원들에 대한 대안적 접근에서 제기되었던 이슈들에 의해 세계-역사적 동학이 어떻게 형성되었는지 살펴볼 것이다.

3

식민주의와
자본주의

자본주의가 근대 세계의 여러 지역에서 세계 체제로서 언제, 어떻게 발전했는지의 역사는 다양하며 복잡하다. 이 장에서 나는 근대 세계의 형성에서 핵심적 요소, 즉 서로 시기는 달랐으나 라틴아메리카와 아시아, 아프리카에서 만들어진 다양한 유형의 식민주의와 그것의 효과를 짚어볼 것이다.

식민주의의 단계들

봉건제와 상업자본주의(16세기)

유럽이 식민 지배를 통해 '팽창'하게 된 동기와 유형 그리고 점진적 식민주의의 심화는 본질적으로 봉건제의 위기와 상업자본주의의 발전이라는 상호연계된 원인에 의해 추동되었다(2장 참고). 식민 지배는 스페인에 의해 16세기 카리브해와 라틴아메리카의 일부 지역에서 처음으로 시작되었는데, 이 지역은 스페인의 침략 여파로 급격한 인구 감소와 생태 변화를 겪어야만 했다. 처음 유럽에서 인도를 찾아 서진 루트 개발에 박차를 가하게 만든 보물찾기 원정은 페루(이후에는 멕시코)에서 거대한 은광의 발견으로 이어졌다. 은광 개발을 위해 어마어마한 규모의 원주민이 동원되었다. 스페인과 포르투갈(브라질을 식민화)의 국내 경제와 해외 무역은 곧 영국과 네덜란드 그리고 북유럽의 작은 국가들과의 치열한 경쟁에 직면했다. 이 국가들은 당시 농업자본주의 그리고 뒤이어 산업자본주의를 향해 매우 빠른 속도로 이행하고 있었다(2장 참고).

상인, 노예, 플랜테이션(17세기와 18세기)

17세기 동안 영국이 점령했던 북아메리카에서, 그리고 영국과 네덜란드가 지배했던 카리브해를 중심으로 '식민지 정주-생산-무역'의 새로운 유형이 형성되었다. 북아메리카의 영국령 버지니아에서는 처음에는 유럽으로부터의 계약노동, 이후에는 아프리카에서 끌려온 노예노동에 기초한 플랜테이션 경제가 형성되었다. 영국 경제, 특히 신흥 제조업 계급에게 아메리카 식민지의 담배와 면화, 카리브해 식민지의 설탕은 아시아산 고급 향신료와 비단을 능가하는 중요한 상품이 되었다. 요컨대, 북아메리카와 카리브해의 영국 식민주의는 유럽의 제조업자를 위한 식민지에서의 대규모 원료 생산, 플랜테이션 생산을 위한 아프리카로부터 노예노동력 조달, 유럽산 상품의 식민지 시장 개발을 연계하는 새로운 유형의 국제 무역을 개시했다. 아프리카 노예무역의 첫 번째 주요 목적지는 브라질 연안의 설탕 플랜테이션이었다. 네덜란드는 자국 내 상인과 설탕 정제업자들의 수요를 맞추기 위해 카리브해 섬들과 아메리카 대륙 해안에서 노예에 의한 생산을 확대하는 데 선도적 역할을 했다. 반면, 영국은 지금의 미국 남부에 노예제 플랜테이션 시스템을 이식했다.

식민지 건설 및 유럽의 축적 경로들과의 연계 측면에서 이 시기는 매우 중요했지만, 17세기 후반부는 상대적으로 유럽의 국제무역과 해외 상인 회사들의 부의 축적이 상대적으로 감소한 시기였다. 그 이유는 바다에서 무장 함대를 이끄는 중상주의 세력들 간의 새로운 무역 전쟁을 포함한 유럽 내의 정치적 격동과 관련이 있었다.

18세기에는 유럽의 팽창 정책이 되살아나고 강화된 시기였다. 대서양을 사이에 두고 서아프리카로부터의 노예무역이 크게 증가했고, 유럽의 탐험가와 상인은 아프리카 해안 지역과 아시아 내륙에서 상업적 우위를 차지하기 위한 탐험과 약탈에 열중했다. 16세기부터 시작된 유럽의 팽창은 지속적인 확대일로에 있었으나, 유럽인이 서로 우위를 점하려 싸우는 곳에서 유럽인끼리 혹은 유럽인과 현지인의 군사적 충돌도 두드러졌다. 예컨대 인도와 캐나다의 지배권을 두고, 영국은 프랑스와의 충돌에서 승리를 거두었다. 유럽의 식민지 확장과 유럽 국가 간 갈등은 이처럼 넓은 범위의 다양한 지역에서 벌어졌다.

요약하면, 17~18세기 동안 유럽의 팽창은 강화되었고, 국제적 노동분업도 상당 수준까지 확립되었다. 당시 식민 지배는 유럽 국가가 스스로 수행하기보다는 상업 회사들(영국의 동인도회사, 네덜란드의 동인도회사 등)에 의해 행해졌는데, 오히려 라틴아메리카를 직접 통치했던 스페인과 포르투갈 정부의 경우가 예외적이었다. 물론 유럽의 정부들은 정치적, 외교적, 군사적(무엇보다 해군력) 수단을 동원하여 자국의 상인들을 적극 지원했다.

산업자본주의와 근대 제국주의(19세기와 20세기)

19세기 동안에는 산업화에 의한 자본주의 세계경제가 점점 더 모습을 갖추어가기 시작했다. '2차 산업혁명'(4장 참고)의 시작과 1870년대의 변곡점이 특징적이다. 이로써 가공과 제조를 위한 열대 농업 상품과 식민지 광산에서 채굴된 광물의 수요가 폭발적으로 증가했다. 1870년대 이후 세계경제는 큰 변화를 맞이했다. 채취산업(소작농에 기초한 플랜테이션과 광산)에 대한 투자 증가, 세계 시장을 연결하는 교통수단의 발달(철도, 해운), 식민지 팽창의 마지막 물결(사하라 이남의 아프리카, 동남아시아, 서아시아)이 펼쳐졌는데, 이 시기에는 상업 회사가 아닌 유럽 정부가 주도했다. 또한 (제국의 영향력이 부분적인 완충 역할을 했지만) 영국의 산업이 빠르게 산업화에 진입한 독일이나 미국과의 경쟁에 점점 더 노출되기 시작했으며, 최초의 비서구 산업 권력으로서 일본이 등장했다.

식민지 팽창의 마지막 물결은 아프리카에서 극명하게 드러났다. 1876년 유럽 국가들은 아프리카 대륙의 10퍼센트를 지배했는데, 현재의 남아프리카공화국과 지중해에 접한 북부 지역에 한정되었다. 1990년이 되자 유럽은 아프리카 대륙의 90퍼센트를 지배하기에 이르렀다. 베를린 협약(1884~85)에서 공식화된 '아프리카 분할scramble for Africa'은 18세기 말 유럽에서 발생한 대大침체기(1873~96)의 와중에 이루어졌다. 산업자본주의에 기초한 새로운 세계경제는 이 시기 처음으로 경기 호황과 슬럼프의 한 사이클을 경험했다. 하지만 곧 새로운 '황금시대'(1896~1914)가 이어졌다.

레닌은 19세기 후반 유럽의 대침체기를 자본주의의 초기 '경쟁' 단계에서 독점자본주의 혹은 제국주의로 가는 중요한 변곡점으로 보았다. 후자는 은행과 긴밀하게 연결된 대규모 산업 기업으로 자본이 집중되는 특징을 갖는다(Lenin, 1964b). '독점'의 결과는 경쟁의 종식이 아니라 더욱 극단적이며 위험한 형태를 취한다. 곧 레닌의 제국주의론에 직접적인 자극제가 된 제1차 세계대전(1914)이 발발했다. 레닌은, 19세기 후반 유럽의 식민지 팽창은 이전의 식민화 물결과는 다르게 자본에 의한 새로운 수출 기지를 찾으려는 필요에서 추동되었다고 보았다. 그 이유는 두 가지였다. 하나는 산업자본주의가 축적의 속도를 항상적으로 높이려 했기 때문이다. 이를 위해 점점 더 많은 원료 산지와 제조업 상품의 더 넓은 시장이 필요했다. 또 하나는 유럽에서의 경쟁 강화가 자본의 이윤율 하락으로 이어지면서 해외에서 새로운 투자 기회를 얻기 위해서였다.

레닌의 제국주의론은 분석적, 실증적, 이데올로기적 이유에서 비판을 받아왔다. 유럽 국가들의 자본주의 발전 경로와 식민 지배의 규모와 방식이 매우 상이한데도, 그가 규정한 제국주의의 주요 두 요소만으로 제국주의를 전형화했다는 것이 주된 비판이었다. 한편, 그가 대표적인 제국의 사례로 보았던 영국은 자본 수출과 광대한 식민지를 갖추었지만, 해외 투자의 상당수는 아시아나 아프리카의 자국 식민지보다 아메리카의 유럽인 정착지로 향했다. 또한 레닌이 '금융자본주의'—이 연구는 힐퍼딩(Hilferding, 1981)에 의해 계승되었다—로 명명한 독일은 거대 산업 기업과 은행의 합종연횡을 특징으로 하는데, 독일은 식민지를 거의 차지하지 못했다. 그 밖에도 레닌이 스스로 규명하고자 했던 제국화의 과정을 과장했다는 지적이 있다. 그 과정은 20세기 초반보다 오히려 오늘날의 '지구화'에서 더 잘 확인할 수 있다.*

* 오늘날 일부 역사학자는 지구화의 첫 번째 '황금기'를 1914년[1차 세계대전이 발발한 해] 이전의 수십 년으로 본다는 점을 주목하라.

레닌은 19세기 후반 유럽의 경제 침체를 근대 제국의 등장이나 자본주의적 식민화의 마지막 물결과 연결하려 했다. 그런데 그의 제국주의 이론에서 계속 관심을 끄는 지점은, 그가 제국주의를 식민지에 의존하지 않는다고 봤다는 것이다. 1916년의 세계에 대한 그의 묘사를 보자. 그는 아르헨티나를 정치적으로 독립한 국가(인구의 상당수가 유럽 이주민으로 구성)이지만 영국 자본의 '반半식민지'로 묘사했으며, 포르투갈은 영국의 후원 국가 중 하나지만 동시에 (한때 제국의 보석이었던 브라질 식민지를 잃은 뒤에) 아프리카와 아시아에서 여전히 2류 식민 권력을 행사한다고 보았다.

영국의 식민 제국은 로마 제국이나 아시아의 수많은 역사적 제국처럼 많은 제국의 사례 중 하나일 수 있다. 하지만 근대 자본주의의 독특한 국제적 형태로서의 제국주의는 일반적인 정치체로서의 '제국'과는 좀 다른 의미를 가진다. 레닌은 근대 제국주의가 식민주의가 종식되어도 살아나리라 보았다. 미루어 짐작건대, [레닌의 관점에서라면] 완성된 자본주의 세계경제로서 제국주의의 완성은 아시아와 아프리카 식민지의 독립으로 완수될 수 있으며, 이를 통해 식민지들이 국제적으로나 국내적으로 식민 지배의 정치적·법적 강제를 대체하려고 '경제력의 암묵적 강제'를 벗어나리라 주장할 수도 있다(Wood, 2003).

식민 제국의 종식은 4장과 5장에서 좀 더 다룰 예정이다. 다음 절에서는 식민 지배가 종속된 농업 사회에서 살아간 사람들의 삶에 어떤 영향을 끼쳤는지(특히 노동관계와 토지의 측면에서) 설명함으로써 자본주의와 식민주의의 현실을 좀 더 살펴보겠다.

식민주의와 농업 변동

식민지 프로젝트는 식민 경비의 자체 조달과 식민 권력을 위한 이윤 창출 가능성에 의존한다. 이를 위해 농업 사회의 식민지 주체들의 노동에 대한 통제, 즉 토지의 할당과 활용에 대한 기존의 제도와 관행에 개입(기존 관행의 파괴나 수정)해야 한다. 식민경제의 형성에는 식민지 이전 소농의 생계 및 지대 양식과 단절이 수반된다. 나는 몇 가지 사례를 통해 식민 권력이 서로 다른 시공간에서 맞닥뜨렸던 다양한 농업관계를 재구조화하려 했던 시도와 그것이 끼친 영향(의도적인 것과 비의도적인 것)을 보여주려 한다.

라틴아메리카와 카리브해

최초의 식민지 농업 변동은 카리브해, 라틴아메리카, 북아메리카에서 발생했다. 이 지역들은 당시 부상하던 자본주의 세계경제에서 노예 생산의 핵심 지역이었다. 포르투갈이 브라질에서 노예노동으로 설탕을 생산한 것을 시작으로, 곧이어 영국과 프랑스가 카리브해에서 설탕을 생산하는 데, 북아메리카 남부의 영국령 식민지에서 면화와 담배 플랜테이션에 노예노동이 투입되었다. 식민지 쟁탈전이 벌어지던 당시 이상적인 새로운 플랜테이션은 상대적으로 '생계' 경제 수준에 머물던 인구 희박 지역에 만들어졌다. 토착민으로부터 강압적인 토지 탈취는 상대적으로 쉽게 이루어졌고, 식민지 영주들은 노예를 수입함으로써 노동력 공급 문제를 해결했다. 노예 제도는 1833년 영국 제국을 시작으로 미국(1865), 브라질(1888), 쿠바(1889)에서도 폐지되었다.

대부분의 스페인령 아메리카에서는 또 다른 형태의 토지 소유제가 농촌 지역을 지배했다. 17세기 후반 이후 등장한 아시엔다는 농촌 지역의 경제적, 사회적, 정치적, 문화적 삶에 영향을 끼쳤다. 아시엔다 시스템은 스페인 식민 통치자들에게 익숙했던 봉건적 제도와 습관을 도입한 것이다. 이 시스템은 식민지 정착자들에게 원주민 공동체로부터 현물이나 부역encomienda을 부과할 권리와 토지에 대한 권리mercedes de tierra를 결합해 부여한 것으로, 본래는 스페인 왕가를 위해 복무하던 군인들에게 제공되었던 것들이다. 아시엔다는 땅에 대한 권리와 노동력 지배가 결합된 형태로, 이런 유형의 토지 소유권의 구조는 유럽 봉건제의 영지 제도와 매우 흡사하다. 〈표 3.1〉은 아시엔다의 두 요소가 영농을 조직화하는 유형을 보여준다(케이[Kay, 1974]를 기초로 표로 정리했다).

농촌 노동력 확보를 위해서 토지에 대한 강제 수용과 인클로 저가 필요했고, 이는 토착 농민들의 생계수단에 대한 접근권을 침해했다. 아시엔다 시스템은 그 확산 과정에서 여러 요소에 의해 다양한 형태를 띠게 되었다. 아시엔다를 조성하는 초기 단계에서는 토착 세력들과의 지난한 투쟁을 치러야 했다. 특히, 인구가 밀집되고 강력한 소농 공동체가 있었던 중앙아메리카의 일부 지역과 안데스 고원 지대가 그러했다. 하지만 아르헨티나, 우루과이, 칠레처럼 상대적으로 인구가 희박했던 지역에서는 아시엔다 조성이 뒤늦게 하지만 신속하게 진행되었고, 이 지역에서의 노동력 공급은 이민으로 충족되었다.

아시엔다에 영향을 끼친 또 다른 주요 요소는 시간과 공간이었다. 식민 영주와 토착 소농 간 전투는 농업의 상품화와 세계시장의 발전과 변동이라는 역사적 요소의 영향을 받는다. 시장 수요가 증가하자 지주들은 영농의 잠재적 이윤을 고려해 농장

〈표 3.1〉 아시엔다의 두 유형

토지 사용	노동체제	잉여 전유의 형태
A. 복합 농장 영지 (소작농 중심)	개별 가구에 배당된 토지에서 농사를 짓되, 노동과정에 대한 통제권은 소작농에게 있음.	현물 및 현금 지대, 수확 곡물의 분배.
B. 지주의 영지 (지주의 영지와 소작농의 생계용 텃밭[미니푼디아]이 공존)	소작농은 주로 영주의 땅에서 일하면서 스스로의 생계를 텃밭에서 해결함.	노동 지대 (영지에서의 노동은 무보수)

을 확대하고 아시엔다 소작농에게 더 많은 노동을 강제했다. 결과적으로 현물이나 현금 지대는 노동 지대(부역)로 점차 전환되었다. 하지만 영주들은 곧 노동력 부족에 직면했고 강압적 수단으로 이 문제를 해결할 능력이 달리게 되었고, 최소한 부분적으로라도 소작농에게 임금을 지불해야만 했다. 이로써 노동 지대에서 임노동으로의 이행이 일어났다(유럽에서 발생한 다양한 경로의 이행과 마찬가지).

대규모 상업적 영지에서 노동력을 구하는 과정에서 채무 족쇄 debt bondage가 어디에서, 어떻게(얼마나 많이), 언제 적용되었는지를 둘러싸고 역사학자들은 많은 논쟁을 벌이고 있다. 채무 족쇄란 빚을 진 자(대부분은 소농이나 무토지 농민)가 채권자를 위해 빚 대신 노역을 하도록 강제하는 것이다. 채권자는 주로 영주, 부농, 상인이다. (아시아에서는 독특하게도 그 빚을 제삼자가 인수해서 대신 징수하는 방식이 일반적이다.) 일부 학자는 비록 '자유로운' 임노동을 방해하는 채무 족쇄나 다른 종류의 제약이 상당 기간 유지되었다는 점을 인정하면서도, 라틴아메리카에서 임노동으로의 전환이 상대적으로 일찍 시작되었다고 주장한다(일부 지역의 상업적 아시엔다에서 17세기부터 나타났다). 농업노동에 대한 이러한 이슈는 2장에서 주로 다루었지만, 3장 말미에서도 다시 한 번 언급하겠다.

라틴아메리카 대부분 지역은 아프리카에 대한 식민지 쟁탈이 시작되기 전인 19세기 전반부에 식민 지배에서 벗어나 독립을 이루었으나 식민지 유산은 남겨졌다. 광범위한 토지 탈취와 아시엔다로의 집중, 대다수 토착민의 하위 생계수단이었던 미니푼디아minifundia—아시엔다가 더 일반적인 명칭이나, 미니푼디아에 대비되는 대영지를 라티푼디아latifundia라 부른다—에 대한 제약, 한계 영농과 채무 족쇄나 정부의 강압이라는 요소가 결합된 농촌 사회에 만연한 임노동 등이 대표적이다.

라틴아메리카는 1870년대부터 1920년대까지의 새로운 농산품 수출 붐에 진입하면서 아시엔다의 확산과 집약도가 보다 심화되었다. 중앙아메리카의 열대 및 아열대 지대부터 우루과이, 아르헨티나, 칠레의 조방적 곡물 산지 및 목축지까지 변화의 영향을 받았다. 멕시코 남부 저지대의 예를 들어보자.

영주들은 열대 수출작물(사이잘, 고무, 설탕)에 대한 높은 시장 수요에 대응하고 싶었으나, 이 지역은 노동력도 부족하고 지리적으로도 고립된 상태였다. 여기에 강제력을 동원해 영주를 도우려는 국가의 의지가 결합되자 마야인과 야키족Yaquis은 사실상 노예화되었다. … 1870년대 멕시코를 시작으로, 인디안 토지 감소가 일어난 과테말라에서는 반反유랑법이 실시되었고 볼리비아에서는 농촌 인구의 3분의 2가 아시엔다에 종속되었다. 결과적으로 안데스 산지 전역에서 독립적으로 생활하던 수많은 농촌 주민의 자원과 생계수단이 실질적으로 감소했다(Bauer, 1979: 37, 52).

일부 노동 부족 현상은 이민을 통해 해결되었다. 1847~74년에 쿠바와 페루 연안의 플랜테이션에서 일한 중국인 계약노동자의 수는 대략 25만 명에 달한다. 노예제 폐지 이후 브라질의 커피 농장주들에게는 유럽으로부터 대규모 이주노동자를 받을 수 있도록 정부 보조금이 지급되었다. 1884~1914년에 상파울루에 도착한 유럽인 이주노동자는 대략 90만 명으로 이들 대부분이 커피 농장에서 일했다(Stolcke and Hall, 1983).

오늘날 라틴아메리카는 농업 분야의 사회적 관계와 영농의 형태가 세계 어느 곳보다 다양한 곳이다. 대부분의 남반부 지역과 비교할 때, 라틴아메리카의 농업 고용 비중은 상대적으로 낮다. 브라질은 근대적 농기업 자본과 기술 및 금융 전문가가 이례적으로 집중되어 있으며, 동시에 세계에서 가장 큰 농업 수출 경제를 이룰 잠재력을 갖추고 있다. '남미의 원뿔 지역southern cone'인 아르헨티나, 우루과이, 칠레도 고도로 자본화되고 특화된 분야의 농업이 발달된 주요 농산품 수출국이다. 한편, 안데스산맥이나 중앙아메리카의 토착민 거주 지역, 그 남쪽의 소농 정착농 지역에서는 소농campesino 정체성 복원의 수많은 사례를 찾아볼 수 있다. 토지와 현재의 영농 조건을 둘러싼 투쟁은 오늘날의 가장 유명한 농촌 사회운동을 낳았다. 중앙아메리카의 비아캄페시나Via Campesina와 브라질의 무토지농업노동자운동Movimento dos Trabalhadores Rurais Sem Terra, MTS이 대표적이다.

남아시아

18세기 영국은 인구 밀도가 높은 소농 지역인 남아시아의 내륙으로 팽창함으로써, 마침내 세계 최대의 식민지를 거느린 대영 제국 '왕관의 보석'을 완성했다. 19세기에 접어들어 좀 더 체계적인 방식으로 세수와 이윤의 원천을 관리하기 위해 기존의 사적 약탈 대신 관료제의 도입이 고려되었다. 배링턴 무어Barrington Moore는 식민지 인도의 두 가지 주요한 토지 세수 시스템으로 이러한 변화를 설명했다(Moore, 1966: 342).

첫 번째 시스템은 1793년 이래로 인도 북부 벵골의 영구 정착지와 인접 지역에서 발생했다. 자민다르는 무굴 제국의 징세권 보유자에서 명확한 사적 토지 소유권을 갖춘 영주로 전환되었다. 정착지의 식민지 권력자들은 자민다르 계급이 신뢰할 만한 부르주아 계급이 되고 영국식 농업자본주의가 인도 땅에 이식되기를 희망했다. 수많은 제국의 헛된 희망들처럼, 이런 기대는 여러 이유에서 실현되지 못했다. 자민다르의 권력은 지배 지역인 라즈 Raj(힌디어로 지배력 혹은 지배 지역을 의미)의 사정에 따라 천차만별이었다. 자민다르는 그저 경작자의 신분이었으니 한편으로는 대부업자 계급과, 다른 한편으로는 상업자본가 계급과 투쟁해야만 했다.

벵골 지역 식민지는 600여 개의 토후국이 영국령 '라즈'(식민 토후국)라는 이름으로 마침내 병합되었다. 이 방식은 광대한 식민지 영토를 다스리기 위해 토착 세력을 정치적 동맹으로 확보하려는 수단으로, 식민지에서 일반적으로 행해졌던 "구시대(식민지 이전) 권력 구조와의 공모"(Bagchi, 2009: 87)의 대표적 예다. 그전에는 라틴아메리카에서 스페인의 카시케cacique(토착 왕 혹은 수장) 신분에 적용되었으며, 이후에는 아프리카 전역에서 '간접 통치'의 형태로 적용되었다. 모두 지역의 수장이나 실권자를 식민지 행정 위계의 낮은 신분으로 포섭해 농촌 지역에서의 질서 유지, 세금 징수, 노동력 동원을 유지하는 통치 방법이다.

영국이 차지한 또 다른 식민지는 뭄바이와 첸나이를 포함하는 남부의 넓은 지역으로, 이 지역에는 라이야트와리ryotwari, 'after ryot(peasant)(농민의 뒤'라는 뜻) 시스템이 도입되었다. 이 제도는 최소한 원칙적으로는 농민의 토지 소유권을 인정하고, 경작 규모에 따라 연 단위 화폐 세금을 내도록 했다. 이에 대해 배링턴 무어는 다음과 같이 주장했다.

토지 식민화는 법질서와 관련된 토지 권리를 부여하는 총체적인 농촌 변동 과정의 시발점으로, 농민의 단물을 빨아먹는 영주제의 문제를 보다 심화시켰다. 보다 심각하게는, 식민의 제도화로 인해 외국인, 영주, 대부업자가 소농으로부터 잉여를 수탈하는 정치경제 시스템의 기초가 형성되었다. 농업에서 생산된 잉여가 산업 성장을 위해 투자되지 못함으로써, 근대 사회로 진입했던 일본식 경로를 따를 수 있는 가능성도 배제되었다(Moore, 1966: 344).

무어의 주장에서 핵심은, 식민지의 토지 시스템 도입이 일반적으로 농업 생산이나 생산성 증대를 위한 투자보다 임차 농민에게서 지대를 수탈하는 데 훨씬 효율적으로 작동하며, 따라서 이러한 영주제의 특성은 생산적이라기보다 '기생적parasitic'이라는 것이다.*

하지만 영국령 라즈는 영국령 북아메리카나 라틴아메리카처럼 정착 식민지가 아니었다. 수출작물용 플랜테이션은 존재했지만, 유럽인 정착민의 수요를 충당하기 위한 대규모 토지 수탈은 없었다. 단, 예외적으로 식민 정부 산림부의 지휘하에 직접 개발된 대규모 단일 토지가 있었고, 이 지역에서는 상업용 목재 생산이 이루어졌다. 물론 개발된 산림 지역은 소농, 목축민, '부족민'이 공유지로 활용했던 곳이었으므로, 이들의 생계 활동으로 활용할 수 있었던 자원이 감소했다. 동시에 소농은 '강제된 상업화'(Bharadwaj, 1985)라는 수단에 의해 국제 자본주의 경제에 점점 더 통합되었다. 소농이 충당해야 하는 현금 채무는 점점 더 늘어

---

* 이런 관점에서, 라틴아메리카의 식민지 초기 아시엔다(에코미엔다 시기)와 [유럽에서] 일반적으로 존재했던 봉건제 토지 소유 간에는 일정한 유사성이 있다. 또한, 영국이나 일본의 이행 경로에는 존재했던 '진보적 영주improving landlords'(2장 참고)와 대비된다.

갔다. 그들은 면화, 황마, 아편(영국인이 소비할 차의 대금으로 중국에 지불되었다) 같은 수출용 상품을 생산하면서 동시에 내수용과 수출용 먹거리 생산도 해야만 했다. 그들이 납부한 지대와 세금은 국내의 지주, 상인, 대부업자뿐 아니라 영국 무역회사의 수익률과 식민 정부 및 대영 제국의 세수를 뒷받침했다.

대다수 소농의 관점에서 보자면, '강제된 상업화' 혹은 보다 넓은 의미에서 생계의 상업화는 농업 생산량에는 큰 변화를 주지 않은 채 단지 생산성만 변화시켰다. 가난한 소농이 감당해야만 했던 '지대 재원'의 추출은 그들의 채무를 증대시켰고, 나아가 자가 소비용 식량까지 재원으로 전환하게 했다. 이것이 인도와 중국이 특히 기아에 취약한 국가라는 이미지를 갖게 된 배경이다. 기아는 주로 극단적인 기상 조건 때문에 발생하지만, 19세기 후반의 인도 그리고 1943~44년의 벵골에서 대기근 동안에도 식량 수출이 지속되었다는 사실을 기억하자(Sen, 1981). 한때 수많은 인도 농민이 불리한 기후 조건이나 흉년에 대처하던 능력은 생계의 상품화, 식민지 세금의 부담, 식민지 행정부의 경제 이데올로기에 의해 매우 취약해졌다(David, 2001).

또한, 영국의 공장에서 생산된 면직물 같은 상품의 수입으로 토착 제조업과 수공예 기반이 약화된 점도 주목할 필요가 있다. 이런 활동은 농업경제의 다각화에 매우 중요한 부문이었다. 아미야 바그치는 19세기 식민주의의 영향으로 인도의 '농촌화

ruralization[*]와 '소농화peasantization' 그리고 빈곤이 심화되었으며, 제국주의 세력의 중국 침투도 직접 식민 지배는 아니었지만 유사한 효과를 낳았다고 주장했다(Bagchi, 2009).

그러나 상품 생산의 발전은 다른 지역에서와 마찬가지로 인도 농민 사이의 계급 분화를 촉진했다(인도에서의 경제적 계급 분화는 카스트의 불평등한 분할선과 어느 정도 일치한다).

> 19세기의 급속한 상업적 팽창에 따라 인도에서 자본주의는 성장했으며, 이는 실질적 경작주인 상층 및 중간 카스트의 지배력 증가와 관련이 깊다. 그들은 농사일을 하는 하인을 대규모 임노동자로 고용했고, 지방의 신용 시장을 지배했다. … 이를 바탕으로 그들은 토지 시장에 대한 통제력을 높여갔다(Banaji, 2002: 114).

바나지에 따르면, 인도식 자본주의 유형은 영국령 라즈의 여러 농촌 지역에서 다양하게 발전했고, '실질적 경작자'로서 중상층 카스트는 영주나 대부업자보다 상대적으로 큰 권력을 바탕으로 더 많은 농업 잉여를 차지했다.

---

* 영국의 인도 점령 이전, 인도는 세계 최대의 산업국이었다. 그러나 영국산 제품의 원료 제공지이자 상품 소비지로 전락하는 산업적 쇠퇴를 경험하며 농업국으로 전락했다. – 옮긴이

사하라 사막 이남의 아프리카

19세기 후반부터 사하라 사막 이남 아프리카는 체계적으로 식민화되어 3개의 '광역권'이 생겼다. 사미르 아민Samir Amin은 각 광역권의 지역별 특성을 각각 무역경제économie de traite, 노동 예비 군, 식민지 기업concessionary companies으로 설명했다(Amin, 1976).

첫 번째 광역권은 소농에 의한 수출 농산품 생산을 특징으로 하는데, 일부에서는 대규모 토착 생산자가 나서는 경우도 있었 으나 전형적인 패턴은 메트로폴리탄, 즉 유럽 본토의 무역회사 에 의해 운영되었다. 인도와 마찬가지로 아프리카의 무역경제는 대규모 토지 수탈이나 소농 탈취를 수반하지는 않았다. 농촌경 제의 상업화는 사적 소유권의 제도화나 토지 시장의 성립 없이 이루어졌다. 대부분의 경우 이주노동에 기대어 신규 농장을 조 성한 후 코코아, 기름야자(숲 지역), 면화, 땅콩(사바나 지역)을 재배 했다. 이 네 가지 농산품은 여전히 서아프리카의 고전적인 수출 작물이다.

두 번째 광역권은 동부에서 서부 아프리카(중부 아프리카는 일 부만 포함)까지 펼쳐져 있으며, 식민지 정착자에게 광범위한 토지 양도가 이루어진 곳이다. 아프리카인으로부터 토지를 빼앗고 그 들을 '토착민 보호 지역native reserves'으로 몰아넣은 배경은 두 가 지다. 첫째는 백인을 위한 정착지와 농장 용지의 제공, 둘째는 대

규모 농장이나 플랜테이션 단지 및 북로디지아(현 잠비아)와 남로
디지아(현 짐바브웨) 그리고 남아프리카에 위치한 복합 광산에 정
기적인 노동력의 제공이다. 이들 지역은 모잠비크 남부, 니아살
란드(지금의 말라위), 바수톨란드(지금의 레소토)로부터 광업노동자
를 대규모로 받아들였다. 토지 양도 후, 그렇지 않아도 한계 농지
인 토착민 보호 지역의 인구는 계속해서 늘어갔으며, 아프리카
농민은 정기적인 이주노동에 참여함으로써 자신들의 생계를 꾸
려야 하는 경제적, 정치적 압박에 종속되었다.

세 번째 광역권은 식민지 기업이 차지한 아프리카 지역 가운
데 콩고강 유역이 가장 특징적인데, 이곳은 오늘날까지 자원 채
굴과 약탈의 야만적 역사를 상징하는 지역이다. 식민지 기업이
채굴 및 개발 용도로 대규모 영토를 할양받은 후 토착민의 생활
과 자연 자원은 심각한 영향을 입었다. 하지만 이 지역은 다른
두 지역(동부의 케냐 및 남부의 로디지아/짐바브웨, 남아프리카 지역)에서
일반적이었던 백인 정착민과 플랜테이션을 통한 자본주의적 농
업을 체계화하고 유지할 만한 조건을 갖추지는 못했다.

그런데 대부분의 사하라 이남 아프리카에서 농민(목축민 포함)
은 수탈당했다기보다는 농상품 그리고/또는 노동력을 제공하
는 생산자로서 현금경제에 진입하도록 '독려'되었다(물론 유럽인을
위한 조방적 정착지처럼 광범위한 탈취가 일어난 예외적 경우도 있다). 사미
르 아민을 비롯한 학자들이 강조하듯, 생산자 절대 다수의 완전

한 프롤레타리아화가 이루어질 조건은 성립되지 않았다. 애초에 독려의 수단(특수 작물의 재배, 노동력 제공, 계약 이주노동자화)은 인도와 마찬가지로 '강제된 상업화'와 관련이 있다. 물론 아프리카에서 식민지 조세는 토지가 아니라 거주세나 인두세처럼 사람에게 주로 부과되었고, 때때로 가축에게도 부과되었다. 하지만 토지와 노동력을 동원한 수출용 상업작물 생산의 개척은 일부 아프리카 농민의 주도로 이루어졌다는 점을 주목할 필요가 있다. 식민 정부의 역할은 없거나 오히려 방해가 되었다. 20세기 초반 가나의 코코아 생산 사례를 연구한 폴리 힐Polly Hill의 연구가 이를 잘 보여준다. 그의 연구에 따르면, 가나에서 코코아 영농의 성립과 확산은 인구가 드문 산림 지대로의 이주와 특수한 임차 형식을 통한 노동력의 조달로 가능했다(Hill, 1963).

이처럼 아프리카 소농 중 특정 분파가 특정한 시점에 부를 획득했다. 이들은 토지와 노동력을 동원하여 생계 농지를 상품 생산을 위해 통합했고, 수출용 작물의 국제 시장 가격이 호황을 누릴 때의 이점을 취할 수 있었다. 1920년대 그리고 식민 지배가 끝나고 독립의 초창기였던 1950~60년대 약 20년 동안에 특히 그러했다. 이러한 성공 신화는 농촌 지역에서 전형적인 사회 계급 분화와 관계된다. 즉, 일부 농민이 다른 농민보다 더 많은 혜택을 누리게 되었다. 그렇지만 과거 아프리카의 몇몇 지역에서 활기차게 이루어졌던 소농에 의한 농산품 생산이 오늘날 대부분 아프

리카 농촌의 심각하게 부정적인 조건들과 극명하게 대비되는 점
도 함께 주목해야 한다.

농업 변동의 패턴

아시아와 아프리카에서 식민주의는 19세기 후반부터 20세기
중반까지 자본주의 세계경제의 통합기에 절정에 달했다. 더 이
른 시기에 식민화되었던 카리브해, 라틴아메리카, 아시아 지역
의 플랜테이션은 새로운 유형의 '산업적 플랜테이션'으로 대체되
었다. 또한, 플랜테이션 생산의 최전선이 동남아시아와 중앙아시
아 그리고 남아메리카의 열대 지역까지 확대되었다. 새로운 플랜
테이션은 대규모 열대림을 개벌하거나 토착민의 농경지를 잠식
하면서 만들어졌는데, 네덜란드의 핵심 식민지인 인도네시아가
대표적이었다. 플랜테이션은 대규모 노동력을 필요로 하고, 이 노
동력은 경제적 불가피성(강제적이거나 직접적인 강압에 의한 경우도 많
았다)을 가진 가난한 농민이나 무토지 임노동자 중에서 충원되
었다. 요약하면, 산업적 플랜테이션은 고도로 특화된 단일 경작
의 규모를 크게 늘려, 세계 시장에 고무, 기름야자, 면화, 사이잘,
음료와 식량(차, 커피, 설탕, 코코아, 바나나)을 제공해왔다. 이 열대작
물 등은 점차 증대되는 산업국의 도시 인구를 위한 대량 소비 품
목이 되었다.

폭넓게 이루어진 또 다른 변동의 패턴은 아시아와 아프리카의 식민지 소농에 대한 노동 통합이 증대된 것이다. 농민은 수출용 작물(면화, 기름야자, 고무, 땅콩, 담배, 커피, 코코아)과 내수용·수출용 주곡을 생산하거나, 이주노동자가 되어 철도나 도로를 건설하거나, 플랜테이션, 광산, 항구 등에서 일하게 되었다. 통합의 과정에서 식민지 농민의 사회적 계급 구성이 달라지기도 했다(인도의 경우에는 기존의 사회적 차별이 유지되었다). 남반부 농민에 대한 경제적 통합은 생계의 상품화에 종속되었지만 일부 농민에게는 축적의 가능성이 열렸다.

식민 시대 말이나 뒤이은 정치적 독립의 과정에서 농업 변동의 패턴은 지구적 경제의 동학이나 발전과 연계되어 이해할 필요가 있는데, 이 주제는 4장과 5장에서 다시 다루겠다. 3장의 결론을 위해, 나는 자본주의와 식민주의에 관한 논쟁에서 세 가지 이슈를 검토할 것이다. 이 이슈들은 2장 말미에 제기한 질문들과 연결되며, 아시아와 아프리카의 해방 이후 남반부의 농업 변동과 경제 발전의 역할로 이어진다.*

* 좀 더 복잡하게 들어가면, 이런 쟁점들에 대한 여러 입장 또한 더도 덜도 아닌 마르크스의 저작으로부터 지지를 주장할 수 있다. 게다가 마르크스 역시 시간이 지나면서 그의 사상을 어느 정도 변경했다.

식민주의에서의 노동체제

나는 '노동체제labour regime'라는 용어를 폭넓게, 노동력을 조달하고 연계하는 다양한 방법을 설명하는 데 사용한다. 즉, 노동력을 생산과정에서 조직(노동과정)하는 방법과 그들의 생계보장 방법에 관한 것이다. 이 장에서는 노동체제를 네 가지 유형으로 나눈다. 강제노동forced labour, 반프롤레타리아화semi-proletarianization, 단순상품생산petty commodity production, 프롤레타리아화proletarianization. 먼저, 카리브해와 라틴아메리카의 강제노동 사례는 살펴보았고, 뒤이어 아시아와 아프리카의 식민지에서, 최소한 식민 통치의 전반기에도 강제노동이 존재했다. 이들에게는 식민지 상업경제의 동맥인 도로나 철도 건설의 부역, 플랜테이션이나 광산의 짐꾼이나 광부 역할이 부여되었다. 다른 종류의 강제노동 체제는 계약제 노동 시스템이었다. 영국 제국에서 노예제 폐지 이후 인도와 중국으로부터 수백만 명의 노동자가 일정 기간 동안 계약제로 일했다. 이들은 주로 카리브해, 남아프리카, 모리셔스와 피지의 설탕 플랜테이션이나 말라야(현재의 말레이시아)의 고무 플랜테이션에서 일했다.

〈표 3.2〉는 식민 지배하 노동체제의 주요 특징을 요약하고 이를 분석한 것이다. 하지만 이 표의 분석은 구체적 역사 과정을 만드는 많은 요소 중 세 가지 결정 요인(생산자와 생산수단의 분리, 경제 외

〈표 3.2〉 식민주의하에서의 노동체제

노동체제		생산자와 생산수단의 분리	경제 외적 강제	자유로운 임금노동	사례
1. 강제 노동	노예제	완전함.	해당함.	해당 없음.	카리브해, 브라질, 미국 남부 16세기에서 19세기
	공물, 현물세	해당함.	해당함.	해당 없음.	스페인령 아메리카 16세기에서 17세기, 아프리카 19세기에서 20세기 초
	부역	부분적	해당함.	해당 없음.	스페인령 아메리카 16세기, 아프리카와 아시아 19세기에서 20세기 초
	계약 노동	완전함.	부분적	과도 기적	카리브해, 동아프리카, 말레이반도, 모리셔스, 피지 19세기에서 20세기
2. 반프롤레 타리아화	임금노동 + 채무 족쇄	부분적 또는 완전함.	해당 없음.	과도 기적	스페인령 아메리카 17세기, 아시아 19세기에서 20세기
	임금노동 + (한계지) 자가 농지, 기타 자영업	부분적	해당 없음.	과도 기적	인도와 아프리카 19세기 등장, 20세기 일반화
3. 가족노동 (소농식 단순상품생산)		해당 없음.	해당 없음.	해당 없음.	인도와 아프리카 19세기 등장, 20세기 일반화
4. 프롤레타리아화		완전함.	해당 없음.	해당함.	식민경제의 일부 부문, 18세기 라틴아메리카에서 시작. 19세기 아시아. 20세기 아프리카

적 강제, 자유로운 임금노동)만 다루고 있는 것이다. 예를 들어 네 번째 열(자유로운 임금노동의 측면)에서 '과도기적'이라는 용어는, 임금노동 체제가 '생산수단의 완전한 탈취냐' '자유의지로 노동에 참여하는 노동자냐', 이 두 가지로만 성립하는 것은 아님을 보여준다. 또한 반‡프롤레타리아 노동자가 임금노동 체제에서 '과도기적'이라는 것도 이들이 언제나 단기적이거나 임시적 상황은 아니라는 것을 의미한다. 사실 남반부 대부분 지역에서 반프롤레타리아화는 '완전한' 프롤레타리아화라기보다는 생계의 상품화에 따른 일반적 결과라는 주장이 있다. 따라서 반프롤레타리아에 관해 규범적으로 이해할 것이 아니라 어디에, 언제, 왜 그런 상태에 놓이는지 '구체적인' 사례를 통해 살펴볼 필요가 있다(7장 참고).

〈표 3.2〉의 두 번째 결정 요인(경제 외적 강제)이 설명하는 바는 다음과 같다. 농촌에서의 노동이 '자유로운 노동이냐 자유롭지 않은 노동이냐'로 명확하게 구분되는 경우도 있지만, 현실 사회에서는 종종 유동적이거나 모호할 때가 많다. 바나지는 이를 '혼종적hybrid' 노동체제를 특징으로 한 '혼종적' 농업자본주의의 유형으로 설명했다(Banaji, 2010).

마지막으로, 이 표는 농업에서 가족노동 형태를 경제 외적 강제의 상태로 보지 않는다. 물론 이들이 상품관계에 통합되는 초기에는 '강제된 상업'의 시기가 존재하는 경우가 많다. 여기서 내가 주목하는 것은 식민 지배가 끝나더라도 가족농 대부분이(자

기 노동력을 판매하도록 강요당하는 프롤레타리아나 반프롤레타리아처럼)
'경제력의 암묵적 강제'에 의해, 농상품 생산에 '속박locked-into'되
어 있을 것이라는 점이다. 이 점은 뒤에서 좀 더 살펴볼 것이다.

  2장에서 소개한 두 접근법을 상기해보자. 상업자본주의의 오
래되고 다양한 역사를 강조하는 접근법에서는 유럽의 식민지를
거치면서 라틴아메리카, 아시아, 아프리카에서 형성된 농업 생산
의 형태를 자본주의적이라 본다. 물론 혼종적 형태, 완전하거나
부분적인 '부자유' 노동체제를 보이지만 말이다. 반면, 농업자본
주의로의 이행에 엄격한 (영국식) 경로를 주장하는 이들은 이 지
역의 농업 생산 형태를 '전 자본주의적' 혹은 '비非자본주의적'이
라고 본다. 이곳의 노동체제가 자유로운 임금노동자에 대한 자본
주의 고용에 기초한 것이 아니라는 것이다. 식민지에서 농업노동
체제가 본원적 축적에 기여하는지 고려하려면 두 번째 질문으로
넘어가야 한다.

식민주의는 자본주의 등장에 필수적이었나?

  일부 학자에게 자본주의는 식민주의를 통해 형성된 세계 체제
로 시작되었으며, 따라서 콜럼버스가 신세계에 도착한 1492년은
자본주의 태동의 운명적인 시점이다. 대표적으로 안드레 군더 프
랑크가 제3세계에서의 "저발전의 발전"(Frank, 1967)이라는 유명

한 테제로 하나의 역사적 사고틀을 제시했다. 이매뉴얼 월러스틴도 약간 다른 버전의 "근대 세계 체제론"(Wallerstein, 1979)을 제시했고, 이들의 논의는 아리기나 무어를 통해 수정 및 발전되었다(2장 참고). 유사한 관점을 마르크스에게서도 찾을 수 있다.

아메리카에서 금과 은의 발견, 토착민의 절멸, 광산에서의 노예화와 노동 중 사망, 인도에 대한 정복과 약탈의 시작, 아프리카를 상업적 흑인 사냥터로 바꿔버린 것, 이 모든 것이 자본주의적 생산의 여명기에 벌어진 일들이다(Marx, 1976: 915).

1920년대 마르크스를 계승한 볼셰비키 경제학자 프레오브라젠스키는, 소비에트 연방에는 자본주의의 등장을 촉진한 본원적 축적의 외부 자원(식민지)이 부재했는데 어떻게 '사회주의적 본원적 축적'이 달성될 수 있었는지 탐구하면서, 식민주의를 다음과 같이 서술했다. "세계를 주름잡는 무역국들의 식민지 정책은… 토착민에 대한 세금을 빙자한 약탈, 토착민의 재산, 가축, 토지, 귀금속 창고의 강탈, 정복지 주민의 노예화, 그 밖에 수많은 노골적인 사기 시스템에 다름 아니었다"(Preobrazhensky, 1965: 85).

마르크스와 프레오브라젠스키가 언급한 약탈 방식의 상당수는 자본주의 등장 이전 제국들에 의한 팽창과 정복의 역사적 기록에서도 또한 발견된다. 이런 이유로 일부 학자는 식민주의가 직간접적으로 유럽에서 자본주의로의 이행에 도움이 되었을 수는 있지만, 그것을 가능케 한 충분조건은 아니었다고 본다. 즉, 자본주의로 이행하려면 새로운 사회적 관계와 생산 구조의 형성이 필요하며, 영국(및 북서유럽의 일부 국가)에서는 농업 전환이 선도적으로 이루어진 후 산업자본주의가 형성되었다. 이런 주장은 유럽 식민지의 상이한 단계와 형태를 이해하고 비교하는 데 유용하다. 예를 들어, 16세기 스페인과 포르투갈의 식민 지배는 '봉건적' 혹은 '상업적'인 반면, 19세기 중반부터 20세기 중반까지 영국과 프랑스의 식민 지배는 자본주의적이다. 따라서 16세기 스페인은 식민지의 은을 대량 유입하여 부와 권력을 누렸지만, 영국과 다른 유럽 국가가 농업에서의 이행을 겪고 산업자본주의로 발전한 뒤에는 상대적으로 낡은 경제가 되었다. 요약하면, 부를 누리는 것wealth과 생산 및 생산성을 발전시키기 위해 투자되는 자본capital은 같을 수 없다.* 19세기 전반부에 스페인은 아메리

---

* 비슷하게, 자본주의 이전에 위대한 농업 문명들은 부와 권력 혹은 세계 역사의 근대 초입에 유럽보다 기술적인 측면에서 선진적이었다는 사실에도 불구하고, 어째서 산업자본주의를 발전시키지 못했는지 질문할 수도 있다. 일례로 '상업자본주의'(Pomeranz, 2000; Goody, 2004)의 충분한 요소를 갖추고 있었던 중국은 왜 그러지 못했을까? 3장에서 다룬 시기 동안 그러한 위대한 운명을 갖춘 제국들은 전복되거나 붕괴했다. 16세기 라틴아메리카의 아스테크와 잉카 문명, 18세기 인도의 무굴 제국, 19세기 중국의 청 왕조, 그리고 마지막으로 제1차 세계대전 동안 유러시아의 오래된 제국들인 합스부르크 왕조(오스트리아-헝가리), 로마노프 왕조(러시아), 오토만 제국(터키와 터키의 영향 지역)이 그러했다.

카에 대한 지배력을 상실했으며, 곧 아메리카는 유럽을 제외하고 가장 빠르게 산업자본주의가 발전한 곳이 되었다. 같은 시기 유럽의 후발 국가들은 아시아와 아프리카에서 새로운 유형의 식민지를 개척했는데, 이 과정을 통해 유럽의 식민 지배는 경제적으로 스페인의 방식과 분기되는 중요한 차이를 만들어냈다.

식민지에서의 본원적 축적이 유럽의 경제 성장에 중대한 기여를 했는지, 특히 18세기 말에 형성된 산업자본주의가 19세기 중반의 '팽창적' 국면으로 이동하는 데 어떤 영향을 끼쳤는지, 격렬한 논쟁이 지속되고 있다. 논쟁의 상당수는 식민주의의 원인과 그것이 유럽의 자본주의 발전에 끼친 영향에 관한 것이지만, 이 책은 좀 다르게 노동과 토지와 영농의 강력한(그리고 무자비했던) 재조직화를 포함해 식민주의가 식민지 영토에 끼친 영향들에 관심을 가진다. 식민 정복과 착취로 인한 식민지의 사회적·생태적 격변과 황폐화가 유럽의 축적에 유의미한 기여를 하지는 않았을 것이다. 하지만 자본주의의 전 지구적 발전에 새겨진 막대한 불평등의 원인과 효과는 더 잘 알게 해줄 것이다.

식민지의 경제적 발전?

마르크스는 주장했다. 자본주의로 이행하는 국가들은 "자본주의적 생산의 발전만이 아니라 발전의 불완전성으로도 고통받는다"(Marx, 1976: 91). '왜 독립을 이룬 식민지에서 자본주의 발전이 불완전한가?'라는 질문은 신흥 자본주의 세계경제에서 라틴아메리카, 아시아, 아프리카를 식민지로 병합하면서 이 사회를 '저발전시켰다'라는 관점과 관련이 있다. 일부 학자는 노동체제의 측면에서 봤을 때 최소한 농업에서는 식민주의가 자본주의적 양식을 충족시킬 만한 사회적 생산관계로의 전환에 실패했다고 주장한다. 이런 입장을 보여주는 도발적인 주장이 있다. 식민지가 저발전된 것은 그들이 착취당했기 때문이 아니라 "충분히 착취당하지 않았기" 때문이다(Kay, 1975). 다시 말해, 식민지 국가들은 자본주의적 생산관계와 노동 생산성을 높이려는 항상적 동기, 나아가 착취율의 측면에서 불완전하게 전환되었다는 주장이다(2장 참고). 여기서 불완전성은 식민경제에서 전 자본주의적 혹은 비자본주의적 관계가 존속되었다는 뜻이며, 이는 (의도했든 의도하지 않았든) 식민지 정책이나 식민지 자본의 관행의 효과다.

본원적 축적에 관련한 또 다른 주장은 '잉여 유출surplus drain'에 관한 것이다. 유럽의 권력자들이 자본가 계급과 스스로를 위해 식민지 생산과 무역을 조직함으로써 잉여(혹은 이윤)를 뽑아낸다는 것이다. 즉, 잉여 유출을 유럽에서 산업자본주의를 촉진했던 일종의 지속적인 본원적 축적으로 보는 것이다. 식민경제에서는 소농이나 반프롤레타리아 노동자처럼 '저렴한 노동력'에 의해 농업 및 광물 원료를 생산하는 것이 핵심 기능이었다. 식민지에서 산업화는 금지되었고, 일부 인구 밀집 지역에서 보다 '선진적' 형태의 농업 생산만이 허락되었다. 식민지 권력이 자신의 산업에 대한 경쟁을 미연에 방지하고 식민지를 제조업 상품의 '포획된' 시장으로 유지하려 했기 때문이다. 이런 관점에서 보면, 식민지에서의 불완전한 자본주의 발전은 제한된 축적, 즉 식민지 영토 내에서 소수의 토착 자본가 계급의 형성으로 발현되었다.

식민지 권력자들은 (특히 산업자본주의 시기에 식민주의의 마지막 국면 동안) 아시아와 아프리카의 주민에게 문명을 선물하는 것이 자신의 임무라 주장하며 사회·정치적 혼란을 회피하기 위한 유화정책을 펼쳤다. 이런 정책에는 경제 발전, 사실상은 시장과 화폐경제에 참여시킴으로써 상품관계를 확장하려는 것이 포함된다. 식민주의가 남반부의 전 자본주의 사회에 자본주의의 씨앗을 뿌리는 데 '객관적인 필요악objectively necessary'이었다는 관점은 종종 마르크스의 주장을 끌어들인다. 자본주의는 이전의 계급사회 유형들보다 훨씬 더 생산적인 경제 체제라는 점에서 역사적으로 진보적이라는 것이다. 하지만, 역사적으로 유례없는 지속적인 생산력 발전의 기초로서 훨씬 더 '효율적으로' 노동을 착취한다는 점에서 고통스럽기도 하다. 이런 관점에서는 식민 지배로부터 독립한 뒤 경제 성장을 위한 [독립국가의] 적절한 전략은, 적극적인 국가 개입을 통해, 식민주의가 뿌려놓은 자본주의적 발전의 과정을 확대하고 심화하는 것이었다. 그렇지만 명확성과 적절한 결

정을 갖춘 목표의 부재로 신생 독립국의 경제적 진보는 상대적
으로 결여될 수밖에 없다는 식으로 설명되곤 한다(Warren, 1981;
Sender and Smith, 1986).

3장의 마지막 부분에서 다룬 쟁점들은 오늘날 남반부의 사회
적·경제적 발전에 대한 논쟁과 계속 중첩된다. 예를 들어, 남반
부의 소농은 경제 발전의 뒷목을 잡는 전 자본주의 혹은 비자본
주의적 사회관계이자 생산 형태인가? 아니면, 남반부의 소농은
지배적인 자본주의적 농업에 대한 대안을 약속하는 반反자본주
의적 영농 유형이나 삶의 양식(비아캄페시나 같은)을 대변하는가?
만약 남반부의 경제에 전 자본주의적 요소가 존속하고 있다는
개념을 폐기한다면, 더도 덜도 아닌 자본주의의 '진보적' 형태라
는 개념에 관한 토론으로 이동할 수 있을까? 즉, 전 자본주의적
요소의 유무는 그저 논쟁거리일 뿐일까? (2장 마지막의 세 번째 질문
이다.) 지구적 규모의 자본주의의 불균등 발전을 고려하면 이상
의 질문에 관한 답은 어떻게 달라질 것인가? (2장 마지막의 네 번째
질문이다.) 다음 장에서는 식민주의 종식 이후 농업 변동과 계급
동학을 중심으로 이상의 질문이 제기한 쟁점들을 더 깊게 탐구
할 것이다.

4

영농과 농업,
지역과 전 지구

2장과 3장에서는 자본주의의 기원과 초기 발전 단계로부터 식민 시기 말까지를 포괄하는 근대 세계의 성립기 동안 토지 활용 및 노동의 변화 그리고 계급 동학이라는 일반적인 주제를 집중적으로 살펴보았다. 서로 다른 지역과 시간대를 다루었지만, 농업 회사의 규모, 농산품 교역의 지리적 범위, 농산품 무역량과 무역 가치가 몇 차례에 걸쳐 팽창되었음을 확인할 수 있었다.

4장에서는 앞 장의 관점과는 구분되지만 사실상 보완적인 관점을 취하려 한다. 4장의 주제는 두 개의 상호연계되는 변화 과정, 특히 규모의 증가와 관련된 문제를 다룬다. 첫째, '한때 가장 지역적 행위였던, 즉 먹고사는 일로서의 영농farming이 어떻게 산업으로서 농업 혹은 농업 부문agricultural sector이 되었는가?'라는 문제다. 두 번째는, '자본주의 내에서 농업 시장의 지리적 팽창, 즉 수요지와 공급지 사이의 거리 확대와 상품관계와 노동의 사회적 분업의 집약화 및 **심화**를 통한 사회적 규모의 증가와 관련을 맺게 되는가?'라는 문제다.

용어 사용에 있어 짚고 가야 할 것이 있다. 영농farming과 농업agriculture은 대체로 상호 대체 가능한 용어다. 하지만 나는 농장에서 무언가(예컨대 작물과 가축)를 생산하는 [농민의] 행위를 [산업으로서] '농업적agricultural' 활동으로 설명하는 것은 피하고자한다. 이런 경우 나는 '농적agrarian'*이라는 용어를 선호한다. 이용어는 영농의 관계와 관행, 영농이 기초한 사회들, 영농 변화 과정의 '사회적 관계'를 설명하는 데 유용하다. 농업의 사회적 변동, 특히 1870년대 이래의 변동을 고려할 때 영농과 농업을 구분하는 것은 도움이 된다. 1870년대 이후의 중요성은 앞 장에서 다루었기 때문에, 4장에서는 그 이후의 시기부터 1970년대까지 영농이 농업으로 변화되는 과정을 더 깊이 탐구할 것이다. 이 시기에는 다음 세 측면이 핵심이 된다.

- 기술 변화의 산업적 기반.
- 지구적 시장(특히 주곡)의 형성과 농업에서의 노동분업.
- 정책 목표로서 농업 부문의 형성.

앞에서와 마찬가지로 4장에서는 특별한 개념과 쟁점들의 맥락화를 위해 광범위한 역사적 개요와 선택적 사례를 제공할 것이다. 참고로 5장은 1970년대 이후 오늘날까지를 다룬다.

---

* 저자는 생계활동으로서의 영농farming, 산업으로서의 농업agriculture, 사회적 관계로서의 농agrarian을 구분하지만, 한국어에서는 이에 상응하는 용어에 한계가 있다. 이에 agrarian의 번역어도 농적 혹은 농업적으로 옮기며, 그 의미를 강조할 필요가 있을 경우 '사회적'이라는 수식어를 병기했다. ─옮긴이

영농에서 농업으로

허먼 슈워츠Herman Schwartz는 지구경제의 형성을 다룬 자신의
저서《국가 대 시장》에서 다음과 같이 말했다.

[산업자본주의 이전] 곡물이 20마일(약 32킬로미터) 너머로 운반되는
일은 거의 없었고, 따라서 사실상 모든 경제적, 사회적, 정치적 삶
은 약 20마일 정도의 농업 배후지로 둘러싸인 시장이나 읍내를 중
심으로 한 소규모 경제권 안에서 이루어졌다. ⋯ 15세기부터 19세
기 말까지 지구경제(뿐만 아니라 대부분의 '지역' 경제권에서도)에서 핵심
을 차지하고 있던 것은 농업이었다. ⋯ 최소한 1929년 말까지 식량
을 비롯해 농업에서 만들어진 원료들이 국제 무역에서 차지하는
비중은 절반을 넘었다(Schwartz, 2000: 13).

위 인용문에서 저자의 두 가지 관찰, 즉 소규모 경제권과 농
업을 중심으로 한 국제 무역은 상호 긴장관계에 있는 것으로 보
이는데, 여기서 내가 제안하는 영농에서 농업으로의 전환은 그
차이를 이해하는 데 도움이 된다. 앞의 인용이 말해주듯 영농은
수천 년 이상 농민이 해온 일이다. 농민은 개간되거나 구획된 토
지 시스템 안에서 땅을 일구고, 가축을 키워왔다(경작과 축산 혼합
포함). 농민은 항상 자기가 하는 일의 자연적 조건을 관리해야만

했다. 여기에는 변덕스러운 기후 조건이나, 양분 보충 같은 별다른 조처가 없는 한 토질이 저하되는 생화학적 경향 같은 불확실성과 위험이 존재했다. 따라서 성공적인 영농을 위해서는 높은 수준의 생태적 조건에 대한 지식과 불확실하고 위험하더라도 수용 가능한 범위 안에서 개선된 경작법을 고안하거나 적용하려는 의지가 요구된다. 시에라리온에서 벼농사를 짓는 농민에 관한 세밀한 연구를 진행한 인류학자 폴 리처즈(Richards, 1986)가 보여주듯이, 농부들은 아주 간단한 기술, 예컨대 뒤지개, 괭이, 마체테*, 도끼 같은 손도구를 사용할 때조차 소규모 실험과 지식 축적을 위한 상당한 역량을 보여주었다.

1장에서 설명했던 요소들을 상기해보자. 영농을 위한 최소한의 사회적 조건으로는 토지에 대한 접근권, 노동, 농기구, 종자 등이 있다. 역사적으로 영농 수단을 확보하고 영농을 수행하는 기본 사회적 단위는 농가rural household였다. 물론 앞에서 설명했던 소유권이나 수입의 측면에서, 이 진술은 조심스럽게 이해할 필요가 있다. 서로 다른 사회와 시간대에서 농가의 규모, 개별 농가 안에서 구성원의 위치와 사회적 관계(특히, 젠더관계), 한 농촌 공동체 안에서 상대적인 사회적 지위와 관계는 천차만별일 수

---

* 마체테machetes는 날이 넓고 약간 무거운 칼이자 낫으로, 열대 지역의 농민들이 나무를 베거나 코코넛 나무에 올라 열매를 딸 때 널리 사용되는 도구다. ―옮긴이

있다.

산업자본주의 이전, 영농은 사회적 규모와 공간적 규모 측면 모두에서 제한적이었다. 영농은 상대적으로 단순한 사회적 노동 분업 안에 위치했으며, 일반적으로 비영농 집단(혹은 계급)이 농민의 농사짓는 법에 영향을 끼치기는 어려웠다. 물론 이 시기에도 질적 변화를 가져온 영향들은 존재했다. 때때로 외부의 제도가 개별 농가나 마을에서는 스스로 자급할 수 없는 생산의 중요 조건을 제공했다. 동아시아, 서아시아(메소포타미아), 북아프리카(이집트), 식민지 이전 중앙아메리카(멕시코)에서 국가 주도 관개시설 건설과 유지는 가장 잘 알려진 사례다(Bray, 1986). 또 다른 중요한 영향은 상업자본주의의 선봉에 섰던 기업가적 성향의 영주들로, 이들은 자신의 영지에서 적극적으로 노동과정을 관리했다 (2장 참고). 세 번째로, 원산지에서 다른 지역으로 주곡이나 가축을 의도적으로 전파시킨 흥미진진한 역사들이 있는데, 때때로 이런 행위는 근본적인 생태적, 사회적 영향을 동반하기도 했다(그릭 [Grigg, 1974]과 3장 참고. 아메리카와 기타 지역의 정착 식민지의 '생태 제국주의'에 관해서는 크로스비[Crosby, 1986]를 참고할 것). 네 번째 사례는, **수운waterborne**을 활용해 대량의 농산품을 상대적으로 쉽게 운반하고 교역할 수 있게 한 것이다. 주로 큰 강 유역을 끼고 있는 건조 지대에서 기원한 농업 문명에서 강은 관개의 원천이며, 동시에 읍성이나 도시(일반적으로 강가에서 형성)의 왕실과 군대를 비롯한 비농업 인구를 먹일 곡식을 바지선이나 배로 운반하는 원천이 되었다. 예를 들어, 해상 운송은 고대 시기부터 지중해 농산품 무역에서 가장 중요한 요소였다.

그러나 상당히 최근까지를 비롯해 역사의 대부분 시기에 영농은 지극히 지역적인local 행위이자 삶의 방식이었다.* 지역화된 영농의 특징은 다음과 같다.

- 농장에서 얻은 식물성 거름이나 동물 배설물, 그리고 휴경지와 윤작 시스템을 통해 지력을 유지하는 것. 학술 용어로 '닫힌 회로 농생태계closed-loop agro-ecological systems'라 함.
- 농사력의 중요 절기에 이웃 농가와의 협업으로 노동력을 확보하는 것. 예컨대 날씨 조건이 불확실한 상황에서 식재와 수확의 적기를 확보하는 것.
- 스스로 생산하기는 어려운 재화(농기구 포함)나 서비스를 지역 내 장인의 도움으로 확보하는 것.

일반적으로 농사와 함께 폭넓게 이루어지던 물레질과 바느질을 활용한 가내 수공업은 자본주의의 발전으로 인한 노동의 사

---

* 지역을 '변화 없음static'으로 해석할 필요는 없다. 농업의 오랜 역사를 보면 경작지를 개벌하거나 새로운 지역에 정착하는 등의 이동이 포함되어 있었고, 이 과정에서 새로운 로컬리티들이 만들어졌다.

회적 분업과 전문화에 의해 시간이 흐름에 따라 파괴되었다. 마르크스는 영국에서, 바그치는 인도에서 이 과정을 발견했다. 후자의 경우, 식민주의의 영향인 '농촌화'와 '소농화' 경향은 **증대**되었으나, 농촌에서 경제적 삶은 더욱 **협소**해져만 갔다.

자본주의 출현 이전에는 유럽 중심부든 식민지든 관계없이 대부분이 농업 사회였으며, 인구의 절대다수가 영농에 종사했다. 오늘날 우리가 '농업'이라 부르는 것은 당시에 농민과 그들 활동의 총합에 불과했다. 농민은 지대나 세금 납부 혹은 지역적 교환 관계를 통해 비영농인과 어느 정도 관계를 맺기는 했지만, 노동 분업의 확대, 기술 변동의 과정, 시장 역동성에서 기인한 영향은 거의 없었다. 이런 외부 영향들은 산업자본주의에서 '농업 부문'의 고유한 특성이다.

농업 부문이라는 개념은 근대, 다시 말해 자본주의 경제의 등장과 발전에 따라 발명되고 적용되었다. 마르크스는 농업과 공업, 도시와 농촌 간 노동의 사회적 분업이 자본주의 발전 고유의 특징이라고 했다. 북유럽에서 산업 발전이 두드러졌을 때, 그리고 식민 지배에서 벗어난 남반부 국가들이 '국가 발전'을 위한 경제적 목표에서 공업을 우선시한 뒤에야 농업 부문을 구별하는 것이 유의미해졌다.

근대 자본주의 경제에서 농업 혹은 농업 부문이 생겨나면서, 농민의 일과 재생산에 영향을 끼치는 영농의 '상류upstream'와 '하류downstream'가 경제적 이해관계를 지닌 전문적인 제도, 활동과 **통합**되었다. 상류는 농사에 필요한 생산 조건과 그 조건을 확보하는 방법을 뜻한다. 여기에는 노동 수단이나 각종 투입물(종자, 농기구, 비료)의 공급뿐 아니라 토지 시장, 노동력, 신용이 포함되는데, 무엇보다 중요한 것은 농업에 필요한 노동력을 어떻게 동원하는가다. 하류는 농작물과 가축이 다 자라서 농장을 떠난 이후에 발생하는 일(마케팅, 가공, 유통)을 다루는 것으로, 그런 활동은 농민의 재생산에 필수적인 소득에 큰 영향을 끼친다. 오늘날 자본주의적 농업에서 영농에 강력한 영향을 끼치는 상류와 하류를, 와이즈는 농투입재 자본agri-input capital과 농식품 자본agro-food capital으로 각각 구분했다(Weis, 2007).

자본주의하에서 농업은 노동의 사회적 분업에서 뚜렷이 구분되는 하나의 부문이자 공공 정책의 목표로 점점 더 규정되고 있다. 양자는 상호 밀접하게 연결되고, 앞서 강조했던 자본주의의 핵심적 동학인 생계의 상품화에도 영향을 끼친다. 한때 농민의 대다수는 자급자족할 수 있었으나 오늘날에는 재생산을 위해 시장(상품 교환)에 점점 더 의존하고 있다. 사실상 농민은 세금이나 현금 지대(기존의 현물 지대나 노동 부역 대신)를 내기 위해, 더 이상 직접 만들거나 마을에서 조달할 수 없는 소비재를 구매하기 위해, 영농의 생산수단(비료, 종자, 농기구 및 농장 집기)을 구매하기 위해, 현금 수입에 의존하게 되었다.*

1870년대부터 오늘날에 이르기까지 영농 기술상의 변화는 매우 혁명적revolutionary이며, 이는 오랜 역사에서 농업의 점진적인 evolutionary 변화와 대조를 이룬다. 과거에는 동식물의 육종과 경작, 축산법의 개량이 상당히 조심스럽고 점진적인 혁신으로 이루어졌다. 심지어 16세기 이후 영국에서 이루어진 자본주의 영농으로의 전환도 1870년대 이후에 발생한 것에 필적할 만한 기술 혁신을 만들어내지는 못했다.**

1870년대가 역사적 분할선이 된 것은 2차 산업혁명의 효과다 (3장 참고). 1차 산업혁명의 물질적 기초가 철광석, 석탄, 증기기관이었다면, 2차 산업혁명은 철강, 화학, 전기 그리고 석유를 기초로 한다. 시간이 흐름에 따라 2차 산업혁명과 그로 인한 혁신은, 특히 1940년대 이래로 농장의 생산력의 측면에서 다음과 같은 세 가지 변화를 가속화했다.

- 토지 생산성(수확량) 증대를 위해 화학비료와 기타 농화학 물질을 투입함.

---

* 하지만 자본주의적 농업의 형성이 곧 필연적으로 영농을 자본주의적으로 통합한다는 것은 아니라는 일부 이론가의 주장을 주목하자. 이와 관련된 주제는 6장과 7장에서 다시 다룬다.

** 일부 역사학자는 16세기부터 18세기까지 영국에서의 자본주의적 '고도 영농high farming'의 수확량 증대는 노동 생산성의 증대가 아닌 노동 집약적 방법에 의존했다고 주장한다.

- 새로운 유전학 지식의 등장과 적용에 따라 과학적 식재와 동물 육종 역시 수확량에 영향을 끼침.
- 내연 엔진을 갖춘 트랙터 등 농기계의 등장으로 노동 생산성이 변화됨.

'자연의 메트로폴리스'와 제1차 국제식량체제 (1870년대부터 1914년)

앞서 슈워츠가 말했듯이, 지구경제가 만들어지고 거의 5세기 동안 대규모 농산품의 운송은 주로 수운(강, 호수, 바다, 대양)에 의존했다. 정기적으로 대양을 가로질러 대규모로 운송된 농산품은 브라질과 카리브해의 노예 플랜테이션에서 생산된 설탕이었다. 농산품의 국제교역 규모를 획기적으로 확대한 육상 교통의 혁명은 철도의 발명과 연장으로 가능했다. 철도의 운송 거리와 운송 능력은 대양 운송에 필적했다. 아르헨티나의 프레리, 호주, 캐나다 그리고 무엇보다 미국에 철도가 건설된 이후 이 국가들은 곡류와 육류의 세계적인 주요 수출국이 되었다. 이로써 제1차 국제식량체제International food regime(1870~1914)의 기초가 구축되었다. 이를 "최초의 생필품 가격 관리 국제 시장"이라 부른다. 프리드먼의 용어를 빌리자면, 이는 "정착 식민지" 체제다(Friedmann, 2004:

125). 즉, 인구가 희박하고 경작도 거의 이루어지지 않았던 이른바 '미개척지'를 광범위하게 개간하여 유럽으로 수출하기 위한 조방적 밀 농사와 방목에 활용했다. 이런 지역들은 빠르게 도시화되면서 오히려 주곡은 수입에 점점 더 의존하게 되었다.

자본주의 농업의 후속사라는 측면에서, 핵심 지역은 최초로 자본주의적 농업으로의 전환이 일어난 북서유럽이 아니었다. 가장 대표적인 사례는 미국 중서부의 광대한 초원 지대이며, 윌리엄 크로논이 그의 저서《자연의 메트로폴리스Nature's Metropolis》(Cronon, 1991)에서 묘사했듯이, 대도시 시카고는 이곳을 배후지로 성장할 수 있었다. 19세기 후반에 시카고와 농경 배후지는 철도의 발전에 의해 크게 성장했다. 이 도시의 성장은 농업의 측면에서 다음과 밀접하게 연결되어 있다.

- 대규모 곡물 단작(식용 및 사료용).
- 산업적 방식을 적용한 소 도축과 가공(진정한 산업적 규모).
- 공장에서 제작된 농기구(철제 쟁기와 트랙터).
- 곡물과 육류의 전례 없는 규모의 원거리 운송을 가능케 한 인프라 구조(냉장시설 포함).
- 농산품의 대량 생산과 교역의 자금원으로 선물 시장 등 제도적 혁신.

사실상 시카고는 근대 농기업의 다양한 측면을 개척하면서 농업을 통합하고 구성했다. 또한, 시카고 모델은 1870년대 이후 국제적인 농업 무역과 노동분업의 핵심이 된 '온대 곡물-축산 복합체temperate grain-livestock complex'의 대표적 사례다.

값싼 수입 농산품과 경쟁할 수 없었던 유럽의 농민은 유제품, 과일, 채소 같은 고부가가치 생산물을 집중 생산하는 방향으로 전환하거나, 농사를 포기하고 농촌을 떠나는 식으로 대응했다. 유럽과 미국으로 대표되는 온대 영농의 외곽에는 식민지에서 벗어났으나 온대 영농의 보완적 역할을 수행하게 된 아프리카와 아시아의 열대작물 수출이 존재했다. 같은 시기 열대 지역 신흥 독립국들의 산업적 플랜테이션 역시 미국 중서부와 마찬가지로 영농에서 농업으로 전환되었다. 산업적 플랜테이션은 과거의 플랜테이션과는 달리 생산 조직과 생산 방법, 소유 구조 및 금융자본과의 연계, 선전, 산업적 가공과 제조라는 속성을 지니고 있었다. 19세기 말 인도네시아 수마트라의 플랜테이션을 연구한 앤 스톨러는 이를 "농기업화를 향한 범세계적 전환"이라 설명했다 (Stoler, 1985: 17). 온대 곡물-축산 복합체처럼, (아)열대 지역의 산업적 플랜테이션 생산도 수많은 지역에서 엄청난 규모의 열대 우림의 개벌을 통해 새로운 농업 개척지를 만들어냈다.

요약하면, 1870년대 이후 농업에서 새로운 농업 생산과 교역이 등장했으며, 지역별 특성은 다음과 같다.

- 아메리카, 남아프리카, 호주, 뉴질랜드의 온대 지역에 건설된 정착 식민지인 '신유럽'에 나타난 새로운 곡물과 육류 생산 구역(Crosby, 1986).
- 유럽 내 영농 패턴의 다각화, 이촌향도의 가속화.
- 아시아와 아프리카의 과거 식민지는 열대 수출작물을 특화함. 앞서 식민화를 겪은 중앙아메리카, 남아메리카의 열대 지역에서는 다양한 경로(소작농의 확대, 자본주의적 농장, 산업적 플랜테이션)가 발견됨.

지구적 노동분업과 경제 동학의 핵심적 측면은 영농에서 농업으로의 전환이다. 대부분 지역(특히 신유럽과 유럽, 그리고 열대의 산업적 플랜테이션)에서 기술 조건과 생산 조직에 혁명적 변동이 발생했다. 온대 곡물-축산 복합체를 중심으로 주곡의 국제적 교역 규모가 크게 확장했고, 전통적인 열대작물(설탕, 코코아, 바나나, 차, 커피)과 산업작물(고무, 기름야자, 면화, 사이잘, 황마)의 교역 규모도 크게 증가했다.

정책 목표로 농업을 이해하기 위해, 제1차 국제식량체제의 공급 측면을 살펴보자.

정착 농업은 정치적 전유와 새로운 토지의 식민화를 통해 농산품 가격을 낮추었다. … 특화된 상품 생산은 국가 차원의 토지 및 이주

정책 그리고 철도나 신용 제도와 같은 사회 인프라의 설치를 통해 활발하게 촉구되었다(Friedmann and McMichael, 1989: 101).

수요 측면에서 보면, 영국은 과거 값싼 농산품으로부터 농민과 지주를 보호한다는 목적 아래 제정했던 곡물법Corn Laws*을 1846년 폐지하면서 보다 자유로운 무역질서에 대비했다. 곡물법 폐지는 앞서 자본주의 농업의 역사적 분수계로 상정한 시기인 1870년대 이전에 이루어졌지만, 몇 가지 연결점을 찾을 수 있다. 1840년대 영국 산업자본의 최상층은 산업의 국제적 경쟁력에 대한 자신감, 그리고 자유무역이 되더라도 국내 농업의 이해관계를 지킬 능력을 갖추고 있었다. 값싼 수입 농산품으로 임금, 궁극적으로는 노동 비용을 낮게 유지할 수 있었던 것이다. 곡물법 폐지와 이후 영국이 다른 유럽 나라에 강요한 비슷한 기준으로 인해 결국 몇 십 년 후 영국 곡물 농업은 밀 수입량의 급격한 증가로 심각한 경쟁 압력을 경험했고, 때마침 등장한 국제식량체제의 상대적으로 보다 자유로운 무역질서에 길을 내주었다.**

* 영국 곡물법에서 곡물(corn이라 썼지만)은 사실 밀이다. 미국식 의미의 옥수수maize와 다르다는 점에 유의하자.

** 오늘날 농업 정책과 발전 정책에서 이 문제는 계속 중요성을 지닌다. 공산품의 가격에 대한 식량의 상대 가격, 농업과 산업 부문 간의 교역 조건(국내 및 국제 거래)에서 계속 논쟁이 이어지고 있다.

앞서 3장에서는 이 시기에 아시아와 아프리카 식민 정부가 소농에게 부과한 생계의 상업화, 산업적 플랜테이션의 등장 촉진, 상업적 산림과 같은 일부 특징적 정책을 설명했다. 생계의 상업화는 다양한 형태를 취하거나 결합하면서 노동의 사회적 분업을 확대하고 심화한다. 소농이 특화 작물을 재배하고, 생계용 식량을 생산하고, 현금을 얻기 위해 광산, 건설 현장, 제조업체나 산업적 플랜테이션에서 임노동자가 되거나, 계절 임노동자로 이주하는 일들이 생겨났다. 19세기 이후로, 식민 정부들은 아시아와 아프리카의 식민지 영토 내에 농무국을 설립하고, 고무나 설탕 같은 주요 수출작물에 관한 농업 연구를 장려했다. 하지만 열대 지방의 주곡 농사는 관심사가 아니었다.

마지막으로, 3장에서도 잠깐 언급했지만 토착민 역시 새로운 수출작물을 재배하려고 이주하거나 토지를 개간해 새로운 농업 개척지를 만들기도 했다. 이들의 이런 행동은 자신의 의지에 따른 행동이었지만, 궁극적으로는 그들이 생산한 특화된 수출작물도 거래와 선적과 가공을 위해 자본주의 기업들에 통합되어갔다. 커피, 코코아, 고무 같은 열대작물의 국제 거래에서 품질 관리와 규제의 발전은 이런 통합의 한 측면이었다(Daviron, 2002).

자유무역에서 보호주의까지(1914년부터 1940년대)

자본주의 세계경제는 국제 무역 부문에서 두 차례의 세계대전과 1930년대 대공황으로 극심한 영향을 받았다. 세계 각지가 자본주의의 일반 특성인 불균등 발전에 종속되었다. 하지만 세계경제의 위축에도 불구하고, 농업의 자본주의화는 지속되었다. 예외적 변화도 있었다. 1914년 제1차 국제식량체제가 붕괴된 이후, 전시 대책이자 불황에 대한 대응책으로 대부분의 자본주의 산업국가들은 광범위한 농업 보호주의를 만들어냈다.* 대표적인 한 사례를 꼽자면, 1930년대 미국에서 루즈벨트 정부의 '뉴딜' 정책의 일환으로 광범위한 영농 지원 정책이 도입된 것이다.** 이 정책은 농민들에게 최소 혹은 최저 가격을 보장하고, 과잉재고(유리한 시장 가격에 팔릴 수 없는 곡물들)에 대한 정부 통제를 따르는 것을 내용으로 한다.

동시에, 영국과 프랑스를 비롯한 유럽 국가들은 식민지 아시아와 아프리카의 하위 농업 인구를 더욱 착취하기 시작했다. 유럽에서 주요 농상품의 마케팅 위원회는 농민(과 더 넓게는 농기업)

---

* 혹자는 제1차 국제식량체제의 붕괴와 보호주의의 등장을 대공황의 시발점인 1929년으로 보기도 한다.

** 뉴딜은 공공 투자 프로그램으로, 인프라 건설 등 다양한 사업이 포함되었지만 핵심은 경제 성장을 회복하기 위해 대규모 실업을 퇴치하는 것이었다.

을 지원하기 위해 등장했지만, 식민지 아프리카에서 이 기구는 농민으로부터 더 많은 세수를 끌어내기 위해 설립되었다. 인도에서는 대공황 이후 국내 소비를 위한 주곡 경작지를 수출용 면화, 황마, 설탕과 분쇄 곡물fine grain로 대체해왔던 기존의 구도가 더욱 강화되었다. 1943~44년에 일어난 벵골의 대기근은 이로 인한 여파였다.

제2차 국제식량체제(1940년대부터 1970년대)

제2차 세계대전 이후의 세계는 미국과 소련이라는 슈퍼파워 경쟁국의 등장, 아시아와 아프리카의 신생 독립국과 동맹관계를 맺기 위한 슈퍼파워 간의 경쟁, 1950년대부터 1970년대 초까지 자본주의 세계경제의 회복과 엄청난 팽창 등을 주요 특징으로 한다. 이런 특징은 앞에서 언급한 지구적 노동분업의 3대 지역에서 농업 발전과 영농 방법에서 큰 영향을 끼쳤다.

1940년 후반부터 미국과 북반부 산업국들에서는 화학화(비료, 제초제, 살충제), 기계화, 다수확 품종의 개발(더 많은 고기와 우유를 얻기 위한 동물 육종 포함)을 통한 영농의 기술적 전환율이 가속되기 시작했다. 북반부, 특히 핵심 지역에서, 영농의 급속한 기술적 전환은 영농의 상류인 농투입재기업의 규모 확대와 집중으로 이어졌다. 이 기업들의 역할이 영농 방법에 영향을 끼치면서 영농에서의 집중, 즉 큰 규모와 자본력을 갖추어 궁극적으로 노동 생산성의 규모와 질을 높인 더 적은 수의 농장들의 출현에도 영향을 끼쳤다. 1950년부터 1972년까지 미국에서 농업에 종사하는 노동력의 비중은 15퍼센트에서 5퍼센트로 감소했다(Friedmann, 1990: 24). 그 밖에 남반부와 북반부의 대규모 자본주의 농민과 남반부에 주로 거주하는 소농 사이에서도 노동 생산성과 토지 생산성의 격차가 빠르게 확대되었다.

머지않아 마르크스가 자본 일반에 대한 분석에서 밝힌 것과 유사한 문제, 즉 과잉생산이 발생했다. 자본주의적 경쟁과 생산성 증대로 상품의 생산량은 크게 증가했으나 '유효 수요effective demand'—시중의 상품을 구매할 수 있는 충분한 구매력을 가지고 있는지에 관한 경제학 용어—의 부족으로 인해 판매는 되지 않았다. 이는 자본주의 근본적 특성을 드러낸다. 유효 수요는 돈을 가진 자와 필요한 물건의 연계를 뜻하며, 따라서 유효 수요의 부족은 '가처분 소득'을 갖춘, 다시 말해 돈(신용 포함)을 쓸 수 있는 소비자가 돈을 쓰지 않거나, 특정 물건을 필요로 하는 사람이 이를 자유롭게 살 수 없는 상황을 가리킨다. 이는 오늘날의 지구적 먹거리경제의 중요한 논쟁점이다. 지구상에 식량 생산량은 절대적으로 부족하지 않지만, 적절한 식량을 구매하기에 충분한 소득을 갖지 못한 수많은 사람은 여전히 굶주리고 있다.

미국 정부의 '농가 지원 정책'(사실상 농산업 지원 정책)의 지속은 과잉생산이라는 문제의 원인 중 하나였다. 하지만 제2차 국제식량체제의 형성으로 일시적인 '해결책'도 발굴되었다. 그 핵심은 미국산 잉여 식량을 식량 원조로 처분한 것이다. 먼저 전후 복구를 지원하기 위해 서유럽에, 그 후에는 제3세계를 대상으로 식량 원조가 이루어졌으며, 이는 냉전기 동안 미국 외교 정책의 전략적 부분이었다. 프리드먼(Friedmann, 2004)은 이를 "중상주의–산업 식량체제the mercantile-industrial food regime"로 명명했다. '중상주의'라는 표현은 이 정책으로 거대 곡물 무역회사를 포함하여 미국(과 유럽) 농업계의 이해관계를 위해 생산에 대한 보조와 무역 관리가 이루어졌으며, 동시에 제3세계에 대한 외교 정책상의 이해관계에도 기여했음을 뜻한다. 그리고 '산업'이라는 표현은 새로운 식량체제 안에서 농투입재기업들의 중요성이 증대했다는 뜻이다.

유럽의 곡물 농업에서 경쟁력 격화로 인해 가격 관리를 강조했던 제1차 국제식량체제와는 달리, 제2차 국제식량체제는 '중상주의적' 무역 정책과 대서양 경제의 중심으로 초국적 농식품 복합체인 '기업 조직'의 결합을 특징으로 한다(Friedmann, 1993: 18). 유럽의 국가들은 농가 생산과 수출을 지원하기 위해 미국의 농업 정책을 '국가적' 차원에서 모방하기 시작했고, 유럽연합 통합 이후에는 공동농업정책Common Agricultural Policy, CAP을 통해 유사한 정책을 펼치고 있다.*

전후 경제 호황 시기 동안 북반부에서는 실질소득 상승으로 소비가 증대하면서, 새로운 대중소비문화가 나타났다. 특히 일상에서 육류 및 가공 인스턴트식품의 소비가 크게 늘었는데, 이는 '초국적 농식품 복합체transnational agro-food complex'에서 영농의 하류인 농식품산업의 중요성이 높아졌음을 시사한다.

독일 통계학자 에른스트 엥겔(Ernst Engel, 1821~96)에 의해 정식화된 '엥겔의 법칙Engel's Law'에 따르면, 소득이 오르면 식품비 지출 비중이 줄어든다. 경제학 용어로 설명하면, 식품의 소득 탄력성은 1 이하이며, 가처분소득의 한 단위가 증가될 때마다, 그중 일부만 식품 구매에 지불된다는 뜻이다. 하지만 식품 구매에 소요되는 금액이 줄어든다는 뜻은 아니다. 단순한 사례를 들어보자. 연 소득이 1만 달러인 가계가 그중 10퍼센트인 1,000달러를 식품에 지출했다. 이 가계가 세월이 흘러 소득은 2만 달러로 2배가 되었고 소득 중 식품에 지출하는 비중은 7퍼센트로 떨어졌다. 하지만 실제 지불액은 1,400달러로 식품 지출 금액은 40퍼센트 증가하게 된다.** 결국 농식품 산업은 식품 구매량을 늘리고 공급 비중을 높이기 위해 경쟁한다. 특히 1950년대에서부터

---

* EU의 공동농업정책은 1962년에 시작되었고, 오늘날에는 EU 예산 지출의 거의 절반이 소요되는 영역이다.

유사 이래 경제적·지리적 규모가 가장 큰 오늘날에 이르기까지, 농식품산업계의 거물들이 등장했는데, 여기에는 생산 외주화, 도축, 육류 가공업체뿐 아니라 현재 지구화된 패스트푸드 체인까지 모두 포함된다.

남반부에서는 초기에 식량 원조의 양허성 조건하에 미국(과 이어서 유럽)으로부터 밀을 수입함으로써 국내 생산보다 저렴하게 식량을 공급할 수 있게 되었다. 대부분 식량을 자급자족했던 국가들이 이제는 산업화에 매진하게 되었다(한 세기 전 곡물법 폐지 이후의 영국과 유사하게). 하지만 결과는 프리드먼이 강조했던 "제3세계 식량 의존의 기원"(Friedmann, 1990)으로 이어졌다. 라틴아메리카, 북아메리카, 서아시아의 사례가 대표적이다.

발전주의 시대의 농업 근대화(1950년대부터 1970년대)

식민주의로부터 벗어난 아시아와 아프리카의 신생 독립국들은 대부분이 농업 사회였지만, 이 시기가 되면서 '국가 발전'에 전념했다. 라틴아메리카 국가의 대부분은 이 두 지역에 비해 좀 더

** 대조적으로, 남반부의 가난한 가계들은 적은 수입 내에서 식품비 지출이 상당히 큰 비중을 차지하며, 그렇게 하더라도 충분한 식량을 확보하지 못할 수도 있다. 서론의 방글라데시 소작농 사례를 참고하라.

산업화된 경우에 속했다.* 일반적으로 농업 근대화는 국가 발전의 핵심적 요소였으나, 공업화를 위한 열망에 비춰 우선순위가 밀렸다. 공업화에 우선권을 부여한다는 것은 국가의 산업 구조가 근대적 투입재를 제공할 수 있을 때까지 국내 곡물 생산을 저렴한 수입 밀로 대체하거나 농업 근대화를 미룬다는 뜻이다. 녹색혁명이 시작되기 전인 독립 후 첫 20년 동안 인도의 개발 계획이 이런 경우였다.

국가 주도 발전을 추구했던 '발전주의'의 전성기인 1950년대부터 1970년대까지 남반부의 많은 정부가 농업 근대화를 위해 광범위한 정책 수단들을 도입하고 적용했다. 식민지 역사에서 비롯한 모순, 사회적 모순과 갈등을 일부나마 해결한다는 명분으로 농업 근대화 정책이 도입되기도 했다. 매우 다양한 종류의 토지개혁이 광범위하게 확산되었는데, 예를 들어 아프리카와 동남아시아에서는 정부 주도의 (식민지 관행과 유사한) 농촌 인구 재정주 프로그램이 실시되기도 했다. 1970년대의 '통합 농촌 발전 프로그램Integrated Rural Development Programs, IDRPs'은 농촌에 대한 경제, 교육, 보건 서비스 제공을 포함한 종합 '패키지', 특히 세계은행과 미국국제개발청USAID에 의해 강력하게 추진되었다. 일부에서는

---

* 브라질과 칠레 등은 1930년대 세계 무역이 쇠퇴하던 시기에 수입 대체화(과거 수입하던 제품을 직접 생산하는 것)를 통해 상당한 산업 성장을 경험했다.

이와 같은 프로그램을 공산주의자들이 주도한 베트남 해방전쟁이 소농의 지지를 받는 데 성공한 것에 대한 자본주의 진영의 대응으로 해석하기도 한다.

이 시기에 농업 및 농촌 발전 정책들은 수없이 다양한 제도적 양상을 보여줬으며, 오늘날과 마찬가지로 종종 패러다임 전환이라는 수식어를 달고 있었다.* 그러나 제도상의 다양성에도 불구하고 근대화 정책과 프로그램은 핵심 논리를 공유했다. 상품관계의 심화에 기초한 보다 생산성 높은 농업이, 소농 중심 발전이나 농업 규모화 지원이냐, 공적 형태냐 사적 형태냐에 관계없이 장려되었다. 남반부 정부들은 세계은행, 양자 간 원조 공여국(특히 미국, 영국, 프랑스), 민간 농기업(국내 및 국제)과의 '파트너십'을 통해 농업 근대화를 위한 설계도를 제공받고 싶어했다.

여기서 '높은 생산성'은 농업 기술 조건을 개선으로 가능하며, 종자 개량, 경작법 개선, 더 많은 비료 사용, 연성 신용soft credit이나 기술 자문(현장 교육 포함) 등의 서비스가 제공되었다. 이러한 복합 서비스는 수출용이든 내수용이든 관계없이 주로 주곡 작물을 대상으로 이루어졌는데, 1960년 이후의 녹색혁명기 동안

---

* 이것은 공통된 현상이다. 전통적 발전 모델은 경제 성장과 빈곤 철폐라는 두 가지 목표를 동시에 성취하려고 윈-윈 시나리오를 추구했다. 하지만 이런 처방은 자본주의의 불평등과 모순에 의해 좌절되었다. 따라서 완벽하게 '새로운' 개념과 접근법을 개발하거나, 옛날 개념과 접근법을 재고안하거나 라벨을 다시 붙일 필요가 있다. 하지만 현실에서 동일한 문제에 다시 직면할 수밖에 없다.

옥수수, 밀, 쌀로 대표되는 3대 주곡 작물의 다수확 품종 종자가 대표적 사례다.* '패키지'는 다수확 품종 종자와 비료를 결합해 제공하는 것으로, 수확량을 늘리려면 상당한 관개 설비를 필요로 했다(서론에서 소개했던 인도의 사례 참고).

'상품관계의 심화'는 농민을 시장에 더 많이 통합시킨다는 뜻이다. 농민은 시장 판매가 가능한 특수 상품을 생산하려고 농작물 특화를 추구하고 동시에 더 많은 생산수단(근대적 투입재)이나 소비재(식량 포함)를 구매함으로써 시장관계에 더욱 의존하게된다. 주로 다음과 같은 과정이 포함된다.

- 국영 농업은행이나 여타의 공공기관을 통해 계절별 생산 비용과 고정자본 투자를 위한 신용 계획 수립.
- 비료나 관개시설에 대한 보조금. 기계 관정과 펌프를 사용하기 위한 전력 사용.
- 운송 인프라의 개선, 협동조합이나 준국영 농업기관(작물 마케팅 위원회처럼 일부는 식민지 시대에 도입되었다)처럼 특화된 조직에 의한 마케팅 활성화.
- 주요 작물은 정부에 의한 '관리 가격'으로 판매(주로 최저 혹은

---

* 사실, 녹색혁명은 1930년대 미국의 다수확 품종의 개발과 더불어 시작되었다. 이에 관한 흥미진진한 이야기는 잭 클로펜버그(Kloppenburg, 2004)의 연구를 참고하라.

마진이 없는 바닥 가격).

나는 1970년대 탄자니아에 살면서, 준국영 곡물기관이 투입재 관리, 신용 제공, 운송, 저장, 가공에서 마케팅에 이르는 각종 연구 개발을 확대하는 것을 목격했다. 너무나 다른 조건인데도, 북반부에서 상류에 있는 기업과 하류에 있는 기업들이 농업 부문을 통합하고 통제하는 방식을 모방하려는 이와 같은 시도에 매우 놀랐다(Bernstein, 1981). 조녀선 바커는 사하라 이남 아프리카에서 농업 근대화를 위한 이러한 프로그램들을 "국가가 지원하는 소농state peasantries"을 만들어내려는 시도라고 설명했다(Barker, 1989).

'발전주의' 시기의 농업 근대화에 대한 노력의 효과를 일반화하기는 어렵다. 정책 수단이 너무 다양하고, 기술적·제도적 패키지의 차이, 패키지를 전달하는 국가 역량의 차이, 더 크게는 생태적 조건의 다양성, 혹은 그러한 패키지를 적용하려는 농업 방식의 다양성 때문이다. 사실, 정책의 영향을 평가하는 것(그 자체로 상당한 작업이다)은 언제나 도전적인 일이다. 농업의 '성과'는 기후, 거시경제 정책의 영향, 지역 및 국제 시장과 가격의 변덕(환율과 이자율) 등 많은 다른 요인에 영향을 받기 때문이다. 규모는 서로 다르지만 몇 가지 성공 스토리로 꼽히는 것이 있다. 가장 큰 성공 사례는 인도의 녹색혁명으로, 짧은 기간 내에 곡물 생산의 자급을 달성했다. 그렇지만 인도에서의 녹색혁명 '성공'에 전혀 문제가 없다고 말할 수는 없다. 생화학적 패키지로 도입된 밀과 쌀 생산의 증가에도 한계는 있었고, 그 패키지의 환경 비용 및 지속가능성의 문제가 몇몇 지역에서 제기되기도 했다. 녹색혁명을 실천했다고 모든 농민이 동등하게 혜택을 누린 것도 아니며(7장 참고), 식품 소비자에게 끼친 영향도 유사하다. 예를 들어, 수수처럼 저렴한 작물의 재배지가 고품질의 고수입 작물 재배지로 전환되었는데, 수수와 같은 작물은 가난한 자들의 식단에서 가장 중요한 단백질 공급원이었다.

결론

'농민들이 상이한 농업 정책들로 인해, 더 넓게는 자본주의하의 농업 변동 과정으로부터 혜택을 누렸는가'라는 질문에 답하려면 그들이 처한 조건의 차이들을 점검할 필요가 있다(이 이슈는 7, 8장에서 보다 상세하게 다룬다). 다음 장에서는 오늘날의 신자유주의 지구화 시대를 검토할 텐데, 그 전에 산업화를 비롯하여 농산품 수출과 농업의 산업화까지 오늘날 달성된 경제 발전의 전망을 그 이전 시대인 지구적 자본주의 경제 형성기와 비교하는 것으로 이 장을 마무리하고자 한다.

초기의 산업자본주의로의 이행과 그 영향을 받은 농업의 산업화가 이루어진 시기는 농산품의 가격이 실질적인 측면에서 현재보다 훨씬 높았던 때였다. 국제 무역의 조건은 "19세기부터 제1차 세계대전까지 농업에 유리한 방향으로 움직였으나, 1940년대 이후에는 농산품에 불리한 방향으로 움직였다. 산업혁명 이후 [국제 무역에서] 처음으로 공산품이 농산품보다 유리해졌다"(Kitching, 2001: 154-5). 부분적으로 이런 변화는 북반부의 농업 생산성의 엄청난 성장을 반영하는 것이다. 발전주의 시대 및 그 이후에 남반부의 대부분에서는 열대 농산품의 수출 진흥 정책이 체계적인 과잉생산으로 이어졌으며, 결과적으로 국제 시장에서의 가격도 하락했다(커피가 가장 대표적 사례다).

개빈 키칭Gavin Kitching의 지적에 따르면, 오늘날의 부유한 국가들이 산업국으로 도약하던 시절의 인구 규모와 인구 증가율은 오늘날 남반부 주요 국가의 그것보다 작았다(Kitching, 2001). 당시의 산업 기술도 오늘날과 비교할 때 일반적으로 더 노동 집약적이었다. 따라서 산업화에는 많은 노동력이 필요했고, 다른 본원적 축적에 의해 농촌에서 쫓겨난 이주노동력을 자본주의적 영농의 발전에 충분히 흡수할 수 있었다. 또한, 첫 번째 지구화의 황금기 동안에 유럽의 농촌에서 발생한 소농과 농업노동자의 대규모 이탈은 북아메리카와 남아메리카를 향해 대서양을 횡단하는 이주에 크게 기여했다고 볼 수 있다.

5

신자유주의 지구화와
세계 농업

1970년대를 시작으로 자본주의 세계경제는 보통 '지구화globalization'라 불리는 거대한 전환의 과정을 겪었다. 현대적 지구화의 중요성과 의미, 그것의 원인과 그 효과는 여전히 논쟁적이다. 가장 광의의 정의는 '세계적 규모에서 자본이 재구조화되는 새로운 형태'로, 다음과 같은 특징을 포괄한다.

- 금융 시장의 탈규제와 경제 행위의 모든 측면의 '금융화'.
- 국제 무역의 탈규제화 증대.
- 초국적 농기업과 제조 기업의 생산, 외부 조달, 판매 전략 및 기술상의 변화.
- 정보 기술의 발달에 따라 경제활동(생산과 마케팅)뿐만 아니라 대중매체를 통한 막대한 기회 창출.

돌이켜보면, 1970년대는 한 세기 전인 1870년대와 마찬가지로 그 후 세계경제의 구조적 변화의 결정적 구분선으로 봐도 무방하다. 오늘날의 지구화는 한 세기 전과 유사하게 세계 자본주의 경제에서 경기 후퇴를 해결하려는 '조정'에 의해 촉발되었으며, 결과적으로 상품과 화폐의 국제적 흐름이 엄청나게 팽창하게 했다. (한 세기 전 영국의 산업이 그러했듯이) 지구화로 인해 미국 산업의 경쟁력 쇠퇴는 두드러졌다. 실버와 아리기는 다음과 같이 서술했다. "1970년대 자본주의의 심각한 위기는 미합중국 헤게모니에서 도입된 지구적 차원의 뉴딜이 약속한 것, 예컨대 남반부에서의 발전주의에 대한 지원을 시행하는 데 세계 자본주의의 능력이 부족함을 드러낸 최초이자 중대한(?) 사건이었다"(Silver and Arrighi, 2000: 56). 이로써 과거 30년 동안 선호되었던 노동친화적이며 발전친화적인 세계 체제가 청산liquidation되고, 자본친화적인 체제로 전환이 이루어졌다. 물론 '친화적'이라는 표현은 자본보다는 노동이나 발전에 상대적으로 적합하다. 더 나아가 "새로운 체제하에서 자본주의의 위기는 곧 부유한 국가의 조직화된 노동이나 복지국가의 위기로 전환되었으며, 곧이어 공산주의나 더 가난한 발전주의 국가들의 위기로 번져나갔다."

'신자유주의 지구화'라는 용어는 현재 시기의 변화와 동학이 단순히 자본주의 본연의 주기성이나 모순의 자동적인 효과, 예를 들어 과잉생산, 과잉축적 및 이윤율에 대한 그것들의 압력이 아니라, 오히려 자본의 문제를 해결하는 데 특정한 이데올로기와 정치적 프로그램으로서 신자유주의가 동원된 것이다(Harvey, 2005의 2장 참고). 이는 실버와 아리기가 명명한 "지구적 뉴딜"을 구축하려던 과거의 정치적 시도를 대체하려는 새로운 프로그램이었다. 신자유주의 프로그램은 자본 이동과 자유를 촉진하고 '국가의 후퇴'를 핵심으로 하는데, 실천은 고도로 선택적으로 수행된다. 신자유주의 지구화의 선택적 실천은 다음과 같다.

첫째, 국가 규제의 개입, 고용 계약, 노동 시간과 조건, 최저 임금, 단결권, 의료 서비스, 교육, 사회보장과 연금처럼 노동 계급의 권익을 보호하던 장치가 폐지되거나 축소되었다. 둘째, 규제의 제약을 뛰어넘어 전례 없는 속도로 어마어마한 화폐의 이동이 가능해졌으며, 단기 이윤 추구로 추동되는 전 세계적 자본 시장에 의해 일국의 거시경제 정책을 추구할 수 있었던 국가의 능력과 일정한 자율성이 약화되었다. 또한 전 세계적 시장에서 경쟁력을 확보하라는 신자유주의의 정책 주문, 공기업과 서비스의 사유화라는 아젠다가 사회적 존재의 모든 측면에서 상품화를 심화시켰다. 셋째, 경제 발전이라는 차원에서 신자유주의는 남반부 국가들에 구조 조정 프로그램, 경제 자유화, 사유화를 부과했는데, 그 결과 남반부의 국가 주도 발전 프로젝트가 종언을 맞이했다.

제2차 국제식량체제의 붕괴

제2차 국제식량체제의 붕괴는 대체로 지구화의 등장 시기 및 동학에 대응한다. 그 붕괴는 1970년대 초 세계 곡물 시장에서의 '갑작스럽고, 전례 없던 식량 부족과 가격 급등'에 의해 촉발되었다. 그 원인은 미국이 소련에 대한 곡물 수출 금지 조치를 해제하고, 특혜 가격으로 어마어마한 양의 밀을 구소련에 공급했던 사건에서 기인한다(Friedmann, 1993: 40). 이 사건은 과잉생산의 모순, 즉 잉여농산품의 처분, 가격 안정성의 유지를 위한 조치에 소요되는 비용 증가의 문제, 제2차 국제식량체제의 중상주의적 측면의 영향을 드러냈다. 곧이어 유럽도 미국의 농업 지원 정책을 모방했다. 이로써, 역사상 처음으로 도래한 평화 시기에 곡물 (과 유제품을 포함한 다양한 농상품)을 잉여가 발생할 정도로 생산하기 시작하면서 농산품의 지구적 과잉생산이 발생했다.

제2차 국제식량체제의 중상주의적 측면을 관리하는 어려움과 이 체제의 산업 생산에서 발생한 지리적 변화로 인해 국제 농업 무역 경쟁은 보다 치열해졌다. 예를 들어, (전통적인 대두 생산국이었던 미국과 중국 이외에) 아르헨티나와 브라질이 세계 4대 대두 생산국으로 부상했다. 유지 종자인 대두는 주로 집약적인 가축 사육 시설에 필요한 동물 사료 용도로 재배된다. 세계적으로 대두 생산은 1990년부터 2005년까지 2배로 팽창했으며, 밀, 쌀, 옥수수로 대표되는 3대 곡물과 더불어 세계 4대 농작물군을 형성하게 되었다(Weis, 2007: 17). 세계 대두 생산에 관한 이야기는 농투입재와 농식품 부문에서 초국적 농기업이 세계를 무대로 식품의 외부 생산 및 조달, 가공, 판매에서 통제, 영향력, 권력이 비약적으로 증대되었음을 보여준다. [대두 부문의 이해 당사자들은] 과거에는 제2차 국제식량체제의 중상주의적 정책으로 혜택을 입었지만,

시간이 갈수록 중상주의적 정책에 반기를 들었다. 기업들은 "생산과 소비의 안정적 조건을 조직하려는 주요한 전 지구적 주체가 되었다. 투자 계획부터 농산물 원재료의 공급과 상품 마케팅까지 [기업의 능력으로] 가능하게 되었다"(Friedmann, 1993: 52). 이러한 사실은 미국과 유럽연합에서 높은 수준의 농산품 보조 정책이 지속되는데도, 전 세계적 먹거리경제의 통제권이 민간 주체(기업)에게로 이동했음을 드러낸다.

농업 이해관계의 정치학이라는 차원에서 냉전의 종식과 소련의 붕괴는 제2차 국제식량체제를 구성했던 대서양을 사이에 둔 두 주축의 목적을 손상시켰다. 동시에 미국은 과거에는 GATT 프로세스와 규칙에 대한 농산품 무역의 편입에 부정적이었지만, 반복되는 과잉생산 문제로 인해 1986~94년 우루과이라운드 협상을 기점으로 농산품 무역 역시 GATT 아젠다 중 하나로 포섭되었다.*

신자유주의 시기의 지구적 농업

제2차 국제식량체제의 붕괴 이후 세계 농업 시장이 혼돈에 빠

---

* GATT는 1947년 국제 무역의 장벽을 감소시키기 위해 결성되었으며, 2004년 세계무역기구WTO로 대체되었다.

진 와중에 '다자간 무역-기업식량체제multilateral trade-corporate food regime'가 제3차 국제식량체제로 등장했다(Friedmann, 2004). '다자간 무역', 즉 국제 무역에서 경쟁 구도가 도입되어 제2차 국제식량체제의 중상주의적 측면이 대체되었다. 동시에 산업적 측면이 강화되었으며, 이후 농업의 상류와 하류에 대한 기업 통제가 강화되었다. 제3차 국제식량체제를 규제하거나 이에 저항하려는 시도가 이어지고 있지만, 이 체제가 이전의 1, 2차 체제처럼 상대적 안정성과 일관성을 갖출지 여부는 아직 결론이 나지 않았다. 석유 고갈과 기후 변화 같은 환경적 압력 때문에 더욱 그러하다.

2005년에 시작되어 2008년에 절정에 이른 국제 곡물 가격의 인플레이션은 매우 심각한 수준인데, 이유는 달랐지만 1970년대 제2차 국제식량체제가 종식될 즈음의 상황이 되풀이된 것으로 보인다.

다음의 핵심적 주제는 지난 수십 년간 신자유주의 지구화와 농업에 끼친 영향의 특징들을 보여준다.

1. 농산품의 무역 자유화 및 무역 패턴의 변화, 그리고 이를 둘러싼 세계무역기구 안팎에서의 전투.
2. 농산품 선물 거래, 즉 금융화에 의해 추동된 세계 시장 가격에 대한 투기의 영향.
3. 신자유주의가 요구하는 '긴축' 조처로서 남반부의 소농을 지

원하던 보조금이나 다른 형태의 지원 폐지. 이와 더불어 남반부 대부분의 농업에 대한 정부 및 지원 예산의 삭감.

4. 농투입재 및 농식품 산업에서 초국적 기업으로의 집중 강화. 인수 합병을 통해 소수 기업의 시장 지배력 확장.

5. 소수의 초국적 농기업에 의한 새로운 조직화 기술이 농장에서 가공과 제조를 거쳐 도소매 유통까지 이어진 상품사슬을 지배함. 식품의 세계적 조달과 식품 판매의 시장 지배력을 확장 중인 '슈퍼마켓 혁명'이 대표적임. 최근 중국, 인도를 비롯한 남반부의 많은 지역으로 주요 슈퍼마켓 체인의 진출이 활발해지고 있음.

6. 상품사슬에 따른 조직화 기술과 기업 경제력의 결합이 농민과 소비자의 행동과 '선택'을 구성하고 제약.

7. WTO의 지적재산권에 관한 무역협정TRIPs의 조항에 식물 유전 재료에 대한 기업의 특허권을 포함시키려는 시도. 기업 '생물 해적질'의 문제화.

8. 동식물의 유전 물질을 가공하는 기술적 최전선인 GMO와 대규모 단작 경작이 결합되어 생물 다양성 감소의 우려를 낳고 있음.

9. 농산업 기업이 지배하고 미국과 유럽연합이 공적 지원하는 바이오연료 생산이 새로운 이윤 창출원으로 부상하면서, 세계적 차원의 식용 곡물 생산에 끼치는 영향이 있음.

10. 모든 종류의 먹거리로 인한 건강 문제: 산업적 방식으로 경작되고 가공된 식품에 함유된 높은 수준의 독성 화학물질, 정크푸드(패스트푸드, 가공식품)로 구성된 식단으로 인한 영양 결핍, 비만이나 비만 관련 질환의 증가, 다른 한편에서는 기아와 영양실조 지속(향후에도 지속될 가능성이 높음).

11. 식량의 재배, 가공, 판매의 지속적 '산업화'를 위해 에너지 소비량과 탄소 배출량이 점차 증가하면서 여기서 비롯한 각종 환경 비용도 늘고 있음. 대표적으로, 생산자에서 소비자까지 먹거리가 운반되는 여러 방식(화물 적재, 해운 운송, 냉장 운송)과 점차 증가하는 먹거리 이동거리를 생각해볼 것.

12. 이상의 모든 영향은 지속 가능성의 문제로 귀결됨. 현재의 지구적 먹거리체계에 특별한 조처가 없다면 위에서 언급한 영향의 궤적은 보다 확대되거나 재생산될 것임.

북반부뿐 아니라 남반부에서도 위의 주제들이 자주 공론장에 등장하고 있으며, 수많은 출판물이 자주 다루는 주제이기도 하다.* 이 책에서는 지면상의 제약으로 다음과 같은 일부 주제를 선정하여 앞서 다룬 것들과의 연관성을 보여주려 한다.

---

* 정도의 차이는 있지만 다음의 학자들은 기업농을 매우 비판적으로, 대안으로 소농식 경로를 옹호한다. Desmarais, 2007; Weis, 2007; Patel, 2007; van der Ploeg, 2008; Albritton, 2009; Bello, 2009. 그리고 이 책의 8장을 보라.

- 영농과 농업의 상류와 하류에서 기술적 변화의 보폭이 예외적으로 빨라지고 있다(특히 농화학적 측면).
- 농투입재 및 농식품 산업의 이윤과 축적 전략에 의해 그러한 변화가 추동되는 방식(더 나아가 공공 정책을 유리한 방향으로 바꾸기 위한 그들의 강력한 로비력).
- 북반부와 남반부에서 영농 방식과 식품 소비의 차별적 효과. 농산품 생산의 국제적 노동분업과 무역이 그와 같은 차별적 효과를 만들어내는 방식.

발전주의의 종말

앞서 나는 남반부에서 신자유주의 지구화의 핵심적 특징을 무역 자유화, 사유화, '국가의 후퇴rolling back the state'라고 설명했는데, 이것들은 '개혁'이라는 정책 아젠다로 표명되었다. 이러한 정책 처방은 급작스러운 외채 증가에 종속된 정부들(1970년대 이후 남반부의 또 다른 주요 양상)에게 세계은행과 국제통화기금IMF이 부과했던 구조조정 프로그램에 의해 촉진되었다. 일부 국가는 자발적으로 자유화로 전환하기도 했는데, 1990년대 초 인도의 사례가 대표적이다. 새로운 거시경제 정책 아젠다의 개시는 기존의 국가 주도 발전의 시대가 종식되었다는 뜻이다. 이로써 소농식 경로를 따르는 농업 발전에 대한 정부 지원도 삭감되었다.

신자유주의적 지구화가 제3세계 전역의 농업에 끼친 영향을 일반화하기는 불가능하지만, 몇 가지 경향성은 지적해볼 수 있다. 첫째, 상품관계의 심화 경향이 지속되었지만, 국가의 투자, 지도, 통제의 수준은 상당히 완화되었다. 특히, 대부분의 제3세계에서 소농에게 지급하던 직간접적인 보조금이 삭감되거나 폐지되었다. 아네트 데스마레이즈는 이를 "농업 부문 구조조정에서 가장 치명 적인 측면"(Desmarais, 2007: 48)으로 묘사했다(관련하여 Bello, 2009도 참고). 신자유주의 지구화가 농업에 끼친 영향은 제3세계의 소농 이나 가난한 농민에게 부정적인 방식으로 나타났다. 이런 지역에 서는 [비자발적인] '탈농de-agrarianization', '탈소농화de-peasantization'의 새로운 물결이 만들어지고 있다(6, 7장 참고).

둘째, 내수용 산업화와 생산을 통한 국가 발전(수입 대체 산업화) 은 세계 시장에서 '비경쟁적'이라는 이유로 폐기되었고, 어떤 상 품이 국내 생산보다 저렴한 가격에 수입이 가능하다면 수입 자 유화가 허용되었다. 내수 시장을 겨냥했던 '발전주의'가 '비교 우 위'에 따라 수출 상품을 보다 증진시키는 방식으로 전환되었다. 다음의 사례가 대표적이다.

- 커피, 코코아, 차, 설탕, 면화, 기름야자 같은 '전통적' 수출작물 의 확대(일부에서는 [폐기되었던] 수출용 작물 생산이 재활성화되기

도 했다).

- 생과일, 채소, 생화 같은 원예 상품이나 새우 등 수산 양식 제품처럼 고부가가치 상품 생산의 장려. 이런 상품의 경우 냉장 항공화물로 북아메리카와 유럽의 대형 슈퍼마켓으로 운송.
- 대두, 설탕, 곡물, 일부 바이오연료 작물이나 축산(특히 라틴아메리카)의 대량 생산이 더욱 확대.

셋째, 이상의 예가 보여주듯이 다양한 장소의 다양한 농민이 상품관계의 심화와 농상품 생산의 전문화에 참여하고 있다. 하지만 형태 측면에서 가족농은 중대형 자본주의적 농민으로 바뀌고 있으며, 농기업의 영농 참여도 확대되고 있다.

소농의 종말?

지난 2세기에 걸쳐 다양한 장소와 시기에 소농, 소규모 농민, 혹은 가족농의 종말이 선언되곤 했다. 하지만 논쟁은 여전히 진행 중이다. 경험적으로 문제 제기를 해보자. 종말은 일어났는가, 아닌가? 만약 일어났다면, 어디서? 어느 정도로? 좀 더 분석적으로 문제 제기를 해보자. 그것은 왜 일어났는가? 혹은 왜 아직 일어나지 않았는가? 장소에 따라 다르게 일어났는가? 규범적으로 문제 제기를 해보자. 근대적 경제 발전에서 소농의 종말은 필연적인 것인가? 그것은 좋은 것인가, 나쁜 것인가?

자본주의자든 사회주의자든(마르크스주의자를 포함해서) 근대화의 개념에 충실한 사람들은 "소농의 소멸"(Kitching, 2001)을 필연적인 것으로 받아들이며, 그 과정이 고통스럽기는 해도 좋은 일이라고 받아들인다. 이들은 근대성을 향해 진보하려면 언제나 중대한 격변이 필요하다고 믿는다. 새로운 것을 창조하려면 낡은 것의 파괴가 필요하다는 관점은 마르크스의 자본주의 발전 분석에서 핵심을 차지한다. 그 모든 고통스러움에도, 그는 되도록 생생하게 과정을 묘사하고자 했다(그는 또한 자본주의에 선행한 무언가를 낭만화하는 것을 싫어했다).

'소농의 소멸'을 부정적으로 보는 관점은 인민주의populism와 연관된다. 개빈 키칭이 잘 보여주었듯이, 인민주의적 사상은 대규모 사회적 격변기마다 반복되는 [사회적] 대응으로, 근대 세계사의 자본주의 발전 과정에서도 찾아볼 수 있다(Kitching, 1982). 인민의 상징으로 장인과 소농 같은 소생산자의 내재적 가치와 그들의 이해관계를 옹호하는 일은 자본 축적에 의해 만들어진 변화에 대응하는 이데올로기이자 운동으로 여러 차례 반복적으로 부상했다. 북서유럽이나 북아메리카 같은 축적의 기원지뿐만 아니라 팽창하는 세계경제로의 통합을 통해 자본주의적 발전의 영향에 노출된 다른 지역—19세기 러시아에서 오늘날의 남반부까지—

에서도 마찬가지였다[소농에 대한 옹호가 발견된다]. 농업 인민주의는 자본주의와 자본 계급(상인, 은행가, 자본주의적 토지 소유자, 농업자본, 농기업)에 의한 소농과 가족농의 재생산 위협에 대한 방어이면서 동시에 자본주의, 민족주의, 사회주의의 이름으로 수행된 정부 주도의 '국가 발전' 프로젝트(예를 들어, 1930년대 소비에트의 집단농장)에도 저항한다.

많은 학자는 신자유주의적 지구화에서 소농의 종말 가능성에 우려를 표하고 있다. 해리엇 프리드먼은 "세계의 남겨진 소농 집단에 대한 현 시대의 엄청난 공격"(Friedmann, 2006: 462)이라 말했고, 필립 맥마이클은 "기업식량체제는 기업 농업의 강화를 위한 조건으로 농민을 탈취한다"(McMichael, 2006: 476)라고 말한다. 나아가 데이비드 하비는 "탈취에 의한 축적accumulation by dispossession"(Harvey, 2006)—사실 본원적 축적의 새로운 물결—이라는 용어로 현재 상황을 묘사한다. 2장과 3장의 논의와 관련해서 보면, 다음과 같은 질문이 제기된다. 오늘날 지구화의 조건 안에서 생계의 상품화가 지속되고 강화되면서 과거보다 더 철저하게 소규모 농업의 폐지와 토지에 대한 접근권의 상실이 발생하고 있는가? 지금까지 '소농의 소멸'이 다양한 장소, 다양한 시간대에 걸쳐 불균등하고 불완전하게 진행되어왔다면, 현재의 지구화 국면은 그 소멸의 세계사적 과정에서 절정에 해당하는가?

아라기Farshad Araghi는 이 질문에 답하기 위해 다음과 같이 시기별로 대담한 분석틀을 제시했다(Araghi, 2009).

- 1492~1832년: 영국에서 최초 자본의 본원적 축적과 식민지
  인클로저의 시기. 콜럼버스의 카리브해 도착으로 시작해 영
  국의 구빈법Poor Law Amendment Act 실시를 끝으로 한다. 후자는
  "영국의 자유주의적 산업부르주아가 초보적인 복지 체계를
  해체하려는 체계적 시도"(Araghi, 2009: 120)를 뜻한다. 구빈법
  의 목적은 노동 계급의 훈육으로, 산업부르주아는 14년 후 곡
  물법의 폐지를 둘러싸고 영국의 '농업적 이해관계'에 저항하
  며 동일한 주장을 펼쳤다.
- 1832~1917년: 자본의 식량체제. 산업자본주의의 등장과 지
  배, 그것이 창조한 지구적 노동분업을 특징으로 한다. "이 시
  기의 식민주의적-자유주의적 지구화를 추구한 농업 정책은
  본국에서는 탈소농화, 프롤레타리아화, 도시화를, 식민지에서
  는 소농화, 농촌화, 강제노동에 기초한 과잉착취"(Araghi, 2009:
  122)를 낳았다.
- 1917~1975년: 볼셰비키혁명과 베트남 민족해방 진영의 승리
  라는 두 역사적 경계 사이의 시기. 이 시기의 주요 특징은 "고
  전적 자유주의로부터 지구적 개혁주의의 후퇴"(Araghi, 2009:
  122)다. 발전주의 국가의 등장을 예로 들 수 있다(구소련은 가장
  대표적인 발전주의 국가의 사례일 수 있다).

- 1970년대 이후: 신자유주의 지구화의 시기. "전후의 상대적인 탈소농화와 이촌향도가 지구적 인클로저의 물결 속에서 절대적인 탈소농화와 이촌향도"(Araghi, 2009: 133-4)로 바뀌고 있다.

아라기의 분석틀은 이 책에서 다룬 시기별 역사적 특징 간의 비교와 대비를 잘 보여준다. 또한 아라기는 "전 지구적 탈소농화는 완결된, 소농의 소멸로 이끄는 자기완결적 과정은 아니다. 사회 계급들은 단순히 소멸하거나 죽어버리는 것이 아니다. 그들은 [어쨌든] 투쟁을 통해 살아가고 변형되기도 한다"(Araghi, 2009: 138)라는 말로 책을 결론지었다. 그의 주장은 우리로 하여금 소농, 소규모 농민, 가족농 같은 범주의 의미를 검토하고, 그들이 하나의 사회 계급을 구성하는지 여부를 더 깊이 탐구하게 하며, 이 질문에 관한 다양한 대답의 함의를 생각하게 한다.

이어지는 6장에서는 오늘날까지의 현대 자본주의에서 소농 또는 가족농의 지속에 관한 개념과 이슈를 재검토할 것이다. 7장에서는 농촌에서의 계급 형성에 대한 개념과 이슈들을 더 깊게 탐구할 것이다. 그리고 8장에서는 계급관계의 경제사회학으로부터 계급 행위의 정치사회학으로의 이동과 관련된 계급 분석의 복잡성을 탐구할 것이다.

6

자본주의적 농업과
비자본주의적 농민?

지금까지 나는 자본주의의 불균등 발전을 몇 차례 언급했다. 이 장에서는 농업에서의 자본주의 발전이 불균등할 수밖에 없는 이유, 특히 [자본주의의 발전에도 불구하고] 소농 또는 가족농이 살아남고 유지되는 이유에 관한 다양한 설명을 보여주고자 한다. 각각의 설명은 언제나 특정한 역사적 조건과 비교하며 검증되어야 한다. 즉 조건이 변하면 설명의 적절성도 달라진다. 농업에서 자본 투자의 불균등한 이유에 관해 다음과 같은 세 가지 설명들이 폭넓게 제시되어왔다.

- 영농에 대한 자본 투자를 방해하는 '장애물'.
- 소규모 영농을 허용하거나 때때로 장려하기도 하는 자본의 이해관계.
- 탈취와 프롤레타리아화에 대한 소농의 저항(5장 끝의 '사회적 투쟁'에 대한 아라기의 언급에서 시사된다).

자본주의적 농업에서의 장애물

생산의 기술적 조건: 자연에 대한 자본 투자의 어려움

우선, 농업에는 다른 종류의 생산에 비해 보다 일반적이고 보다 직접적인 자본 투자를 방해하는 요소들이 존재한다. 예를 들어, 제조업은 이미 자연으로부터 가공된 원료를 변환하는 과정이지만 농투입재산업이나 농식품산업이 보여주듯 농업은 다양한 전유 행동을 통해 자연을 [직접] 변환한다. 따라서 농업은 언제나 자연적 환경이나 생태적 과정에서의 불확실성을 마주해야 하며, 그런 불확실성은 동식물 유기체의 성장에 영향을 끼친다.

다음으로, 농업의 특유한 자연적 조건으로 인해 노동 시간과 생산 시간의 차이가 발생한다(Mann and Dicknson, 1978). 산업 생산과는 달리 농업에서의 생산 시간은 식물과 동물의 자연적 성장 리듬으로 인해 [인간의] 노동 시간(흙 고르기, 심기, 잡초 제거 등)을 상회한다. 작물이 수확되거나 가축이 도축되기 전까지 자본은 묶여 있고, 따라서 이 단계에서 이윤을 실현하기는 불가능하다. 5장에서 보았듯이, 현대 자본주의 농업의 특징은 농업을 산업 생산과 동일 선상에 맞추려는 것이다. 즉, 가능한 한 농업의 자연적 과정을 **단순화하고, 표준화하고, 가속화하는** 것이다. 농투입재 및 농식품 산업이 추동하는 농업에서의 기술 혁신은 좀 더 예측 가능하게, 더 크게, 더 빨리 성장시켜 작물과 가축의 수확량을 높이는 것을 목표로 한다. 이를 위해 토양(비료), 종자(제초제), 해충(살충제), 기후(관개, 온실), 식물 속성(유전자 기술, 인공 수정), 동물 성장(집중 사육, 성장 촉진 호르몬, 유전자 기술)에서 다양한 방법이 동원된다.

현대 자본주의적 농업을 비판하는 이들은, 그런 혁신으로 대표되는 강도 높은 농업의 '산업화'는 먹거리의 생산, 가공 방식을 산업화해 영양 가치를 떨어뜨리고 식품 내 유해 물질을 증가시키는 등 심각하고 치명적인 생태적 비용을 낳는다고 주장한다. 다음의 두 사례를 보자.

먼저, 지난 150년 사이 작물 재배에는 거대한 생태적 전환이 있었다. 토양과 식물화학 그리고 미생물 간의 복잡한 상호작용에 기초한 역사적인 '닫힌 회로 농생태학'에서, 비료와 다른 화학물질 사용에 점점 더 의존하는 급격하게 단순화된 시스템으로의 변화 말이다. 후자의 경우에서 토양은 고수확 식물의 빠른 성장을 위해 화학물질의 흡수를 돕는 단순한 매개체가 되었다. 그 결과, 척박한 땅에서 작물을 키우려면 더 많은 화학물질이 필요해지고, '화학화'의 심화는 토양(과 유역)으로 독성물질을 이전 및 축적시키고, 그렇게 자란 작물이 우리가 먹는 음식이 되는 것이다.

다음으로는, 되도록 좁은 공간에서 짧은 시간 동안에 더 많은 고기(쇠고기, 돼지고기, 닭고기)를 생산하려고 '동물 감금 비육시설'이 널리 이용되고 있다. 이 역시 일종의 '관류' 시스템을 형성한다. 식용 동물의 고기 부위는 집중 사료와 성장 촉진 호르몬을 흡수하는데, 밀집된 사육 공간에서 질병의 위험에 대응하기 위해 다량의 항생제도 함께 투입된다. 가금류 사육은 아마도 산업화된 영농의 가장 끔찍한 사례일 것이다. 닫히고 통제된 환경의 표준화된 닭 '공장'은 완벽한 이동성도 갖추었다. 즉, 이윤을 얻을 수 있는 곳이면 어디든 사육장을 옮겨 세울 수 있고, 따라서 자본은 특정 공간적 제약에서 '자유로울 수' 있게 되었는데, 이는 영농의 역사에서 전무후무했던 특징이다.[*]

생산의 사회적 동학: 지대, 노동과정, 노동 비용

자본주의 농업을 방해하는 특정한 생산의 사회적 동학이 있다. 지대에 대한 부담은 이윤의 감소를 뜻하기에, [이를 회피하려는] 자본이 가족농의 유지 존속을 조장하는 경우가 있다 (Djurfeldt, 1981). 가족농은 농상품의 가치 실현을 지연시키는 방식으로 이에 따르는 비용과 위험을 스스로 감당한다. 소농 소멸

---

[*] 브라질, 태국, 중국이 세계 가금류 무역에서 차지하는 비중은 1995년 23퍼센트에서 2003년 46퍼센트까지 2배로 뛰었다(Burch, 2003).

의 또 다른 저해 요소는 노동과정과 관련된다. 들판이나 과수원에서의 노동은 공장에서의 노동과정에 비해 노동의 질과 속도를 통제하거나 감독하기가 어렵고 비용이 더 많이 든다. 따라서 농업의 경우 임노동자를 고용하기보다는 가족농에 의존하는 경우가 있다. 세 번째로, 급속한 산업화와 도시화로 인한 임금 상승 때문에, 가족농이 자본주의 농장에 비해 '노동 가격 우위'를 누릴 수 있다는 주장이 있다. 닉 코닝에 따르면, 1846년에서 1919년 사이 영국, 독일, 네덜란드, 미국에서 자본주의 영농 혹은 농업자본주의의 실패 원인이 여기에 있었다(Koning, 1994).

위의 해석들은 또 다른 관점에서도 해석될 수 있다. 즉, [자본주의 농업이 여러 이유에서 가족농을 방치하는 것이 아니라] 오히려 소규모 가족농이 경쟁력이 있다고 볼 수도 있는 것이다. 즉, 소농은 자본주의적 농민은 감당하려 하지 않는 비용과 위험을 흡수하는 경향이 있다. 따라서 상황에 따라 소규모 농민은 자본주의적 농민보다 더 싼 가격에 농산품을 공급할 수 있다. 자본주의적 농업은 [농산품의 가격을 낮추기보다] 상류와 하류의 농업 활동에 투자함으로써 더 많은 이윤을 추구한다. 여기서 우리는 농업에서 자본주의 발전의 불균등성, 다시 말해 가족농이 농사를 짓도록 방치하는 것이 오히려 자본에게 혜택이 되는 상황에 관한 설명을 찾을 수 있다.

해석: 자본에 대한 가족농의 이득?

앞서 보았듯 가족농이 자본에 비해 가진 이점은 자본주의 농업에 대한 '장애물'과 동전의 양면을 이룬다. 물론 장애물은 결코 고정불변이 아니며 자본은 언제나 이를 변화시키려 시도한다. 나는 또한 소규모 농업이 자본주의적 농업과 비교하여 경쟁력을 가지는 일부의 주장과 사례도 소개했다. 지금부터는 이런 논리가 만들어지고 적용되는 방식에 담긴 모호함과 복잡성을 살펴보고자 한다. 특히, 가족농에 고용된 노동력의 사회적 특성(예컨대 또 다른 착취의 가능성)을 살펴볼 필요가 있다.

1920년대의 위대한 러시아 농업경제학자 A. V. 차야노프Chayanov (1888~1937)는 다음과 같이 서술했다.

북아메리카 같은 가장 발전된 자본주의 국가의 정부들은 모기지 신용이나 농장 가변자본에 대한 재정 지원 정책을 폭넓게 개발했다. 이 과정에서 운송, 양수기, 관개, 여타의 사업에서 자본이 지배적인 역할을 하게 만듦으로써 자본주의가 농업에 침투하는 새로운 방식이 창출되었다. 이로써 농민을 다른 사람의 생산수단에 의존해야 하는 노동력으로 전환시킨다. 단순상품생산자들의 명백히 분산적이며 독립적인 본성에도 불구하고, [국가와 자본의 활동은] 농업을 연속적인 더 큰 사업들 안에서 집중된 경제 시스템으로 전환시킨다. 이를 통해, 농업은 가장 선진적인 형태의 금융자본주의의 통제를 받는 영역으로 포섭된다(Chayanov, 1966: 202).

차야노프가 활약했던 시대를 고려하면, 시대를 앞선 매우 놀라운 통찰이다. 첫째, 현대 자본주의 농업의 '경제 시스템'이 농투입재산업과 농식품산업을 넘어 '금융자본주의의 가장 발전된 형태'에 의한 통제로 확대된다는 차야노프의 주장에 주목하라. 금융자본주의는 농민에 대한 생산 신용뿐 아니라 고도의 투기적 행위들인 농산품 무역과 토지 시장에도 적용할 수 있다. 둘째, 차야노프는 독립된 가족농을 명확히 단순상품생산자라고 표현했다. 셋째, 그는 현대 자본주의 농업에서 가족농이 독립적으로 보이지만, 사실상 자본에 대한 노동자로서의 계급 지위, 즉 '다른 사람의 생산수단에 의존해서 일하는 노동력'이라고 보았다. 그러므로 농민은 형태는 다르지만 노동이 자본에 의해 착취당하는 것과 동일하게 착취당하고 있다.

차야노프가 문제시한 농민은 **단순**상품생산자, 즉 임금노동자로 고용되지 않은 채 가족과 더불어 자기 소유 농장에서 일하는 사람들이라 가정되었다. 이 가정은 규모, 가족농의 개념, 그리고 영농에서 자본의 상류와 하류 공정과의 관계에 관련된 몇 가지 이유에서 이론적으로나 역사적으로나 제한적이다. 첫째, 차야노프의 시기에 영농의 규모는 여전히 농장의 물리적 **규모**

(암묵적으로 이용 가능한 생산수단을 활용해 가족노동과 함께 일할 수 있는 토지 영역)로 측정되었다. 하지만 현대 자본주의 사회에서, 규모를 측정하는 보다 적합한 요소는 **자본화**capitalization, 다시 말해 특정 종류의 농장을 차리고 이를 재생산하는 데 소요되는 자본의 총량(경제학 용어로는 진입 비용)이다. 당연하게 자본 규모는 농장의 규모에 영향을 끼친다. 기계화는 상대적으로 적은 수의 노동자로 더 넓은 농토를 경작하는 것을 가능하게 한다(곡물이나 유지 종자 생산의 경우). 다른 한편, 생산성이 가장 높은 영농 분야인 원예의 경우 기업이 소유한 농토는 상대적으로 작지만 고도로 자본화되어 있으며 노동 집약적으로 운영된다(신선 과일과 채소, 과수원, 포도원, 화훼의 경우).

둘째, 가족농이라는 용어는 '가족 **소유의**', '가족이 **경영하는**', '가족이 함께 **일하는**' 농장처럼 다양하게 적용되기 때문에 종종 오해를 불러일으킬 수 있다. 예컨대 가족 소유 농장family-owned farm은 농장 관리자와 임노동자를 고용해 운영되는 완전히 자본주의적 기업일 수도 있다. 유사하게 가족 경영 농장family-managed farm 역시 임노동자와(/혹은) 특정 노동(경운, 식재, 종자살포, 수확)에 대한 계약노동자를 고용해 운영될 수도 있다(미국의 곡물 농장 등). 가족이 일하는 농장family-worked farm이야말로 가장 견고한 의미의 가족농이자 농민이 스스로 생산한 경제적 잉여를 전유하는 유일한 예일 수 있다. 나는 가족이 일하는 농장에 해당하는 일종의 기업들이 종종 임노동자를 고용해야 하는 순간을 설명하면서 다시 이 문제로 돌아올 것이다.

셋째, 차야노프가 설명했듯이 북아메리카의 농장은 통상적으로 임노동자를 고용하는 자본주의 기업으로, 현대 자본주의 농업에 가장 완전하게 통합된 농가들이다. 이들은 농식품기업들과의 계약관계를 통해 '투입물, 생산과정, 생산물'을 정확하게 특화한다(Albritton, 2009: 82). 이런 관점에서 보자면, 이들은 일반적인 자본주의적 중소기업(거대 자동차회사와 하청계약을 맺어 차량 부품을 전문적으로 생산하는 회사 등)과 다를 바가 없다. 이런 농기업의 소유자인 농민은 계약관계에 있는 기업이나 돈을 빌린 은행으로부터 착취를 당하지 않는다(물론 그들은 종종 자신이 착취당한다고 주장한다!). 오히려 그들은 자신이 고용한 노동자를 착취한다.

차야노프는 착취에 관한 또 다른 개념을 제안했는데, 그의 소농 연구에서 가장 잘 알려지고 활용되는 소위 **자기 착취**self-exploitation가 그것이다. 그의 주장에 따르면, 가족농의 경우 재생산의 불가피함이라는 불리한 조건에서 추가적인 노동 비용은 무시된다. 자본주의적 농민은 비용과 예상 수익의 계산에서 임노동 비용을 포함시키지만, 가족농의 경우 농장에서 일하는 자신의 노동에 대한 비용을 계산에 포함시키지 않는다. 사실, 소농은 낮은 노동 생산성에도 불구하고 자본주의적 농민보다 더 집약적으로 농사짓는 경향이 있다. 유사하게, 그들은 자본주의적 농민

보다 더 높은 가격에 토지를 구입·임대하고 더 낮은 가격에 생산물을 팔도록 강요받는다.

소규모 가족농이 자본주의적 농민이 수용할 수 있는 것보다 더 많은 생산 및 재생산(더 낮은 소비 수준과 그에 따른 자기 착취 포함) 비용을 감당한다는 생각은 차야노프만의 독창적인 주장이 아니다. 현대 자본주의 시대에 소규모 영농이 분명하게 지속되는 힘(혹은 '소농의 존속')에 대한 다른 이들의 설명도 있다. 예컨대, 19세기 말의 마르크스주의자 카를 카우츠키는 소농 혹은 가족농이 자본가에 비해 노동력 비용(임금)을 낮춤으로써 저렴하게 농산품의 생산을 지속할 수 있는 한, 혹은 실제로 그들이 스스로 '값싼' 노동력을 생산하는 상황에서, 자본은 이러한 존속의 힘을 용인하거나 심지어 장려하기도 한다고 보았다(Kautsky, 1988). 즉, 소농의 경우에는 더 적은 돈을 받고도 자신의 노동력을 팔 수 있다. 그들은 부분적으로나마 스스로 농사를 지어 재생산 비용의 일부를 충당할 수 있어서 임금으로 가계 재생산의 모든 비용을 메울 필요가 없다. 때때로 가족농의 저렴한 날품팔이는 농촌 이주노동자를 고용하는 자본가에게는 일종의 '보조금'처럼 보이기도 한다. 이와 같은 '반半프롤레타리아화'는 3장에서 설명한 식민지 조건에서도 일부 다루어졌고, 7장에서는 좀 더 깊이 살펴볼 것이다.

지금까지 살펴본 바를 요약하면 다음과 같다. 정치경제학의 다양한 주장은 자본주의적 농업의 진화에도 불구하고 자본주의 농장으로의 전면적인 전환이 이루어지지 않은 이유를 설명하고 자 했다. 그에 관한 설명은 공통적으로 자본주의적 농업은 소농 이 자본에 혜택을 제공하는 한 자본주의적인 시장 구조와 축적 동학 안에서 소농을 포섭하거나 통합하는 다양한 방식을 고안해 왔다고 본다. 필연적인 것은 아니지만 이런 주장들은 자본에 의해 '착취'당하는 농민이라는 개념과 관련이 있다. 직접적이든 간접적 이든, 남반부의 소농이든 북반부의 농민이든 농산품의 총 가치 중 농민의 몫은 지속적으로 줄어왔으며, 농투입재(및 투입재의 비용) 는 상대적으로 증가함에 따라 농투입재기업이나 가공과 마케팅 을 담당하는 농식품기업의 이윤은 늘어났다(Weis, 2007: 82).

마지막으로, 차야노프의 관찰에 따르면 장기간에 걸친 자본 주의적 농업의 침투가 남반부 소농을 '건너뛴' 경우도 몇몇 지역 에서 폭넓게 존재한다는 점을 상기할 필요가 있다.* 소농의 지 속은 본원적 축적이 불균등하거나 오래 걸린다는 사실을 반영 한다. 물론 일부에서는 강화된 '탈취에 의한 축적'으로 일부 지 역에서는 본원적 축적이 완결되는 중이기도 하다(5장 참고). 요약 하자면, 그 과정들은 우연적이며 변화에 종속된다. 이러한 관점

---

* [자본은 건너뛰었지만] 상품관계로부터도 벗어났던 것은 아니다. 7장에서 추가로 설명 한다.

은 자본주의는 소농이 자본에 이윤을 제공하는 한 소농을 포섭하는 다양한 방식을 고안한다는 주장과도 일맥상통한다. 하지만 변화는 오로지 자본의 이해관계에 의해서만 이루어지는가? 아라기가 언급한 '사회적 투쟁'은 어떠한가?

저항의 역할

여러 학자는 자본주의에서 농업의 불균등 발전(남반부의 식민화 시기 포함)의 원인을 상품화, 탈취, 프롤레타리아화에 대한 소농 및 소규모 농민의 '저항'의 역사에서 찾는다. 그 저항은 식민지 상태든 독립 후에든 소농에게 진보의 이름으로 부과되었던 토지, 지대, 세금, 부채, 강제 농업노동, 노동 징발, 통제에 대한 투쟁으로 표출되었다. 유색 인종을 '문명화'하려는 식민주의의 사명(3장)에 대한 저항이나 경제 성장을 위한 전략이었던 농업의 '근대화'(4장)에 대한 저항도 마찬가지다. 크든 작든, 영웅적이든 평범한 규모이든 간에 그러한 저항에 관한 많은 사례가 있다. 에릭 울프Eric Wolf의 《20세기 농민전쟁Peasant Wars of the Twentieth Century》(1969)에서는 1900년대부터 1960년대까지 멕시코, 러시아, 중국, 베트남, 알제리, 쿠바에서 있었던 소농의 영웅적 투쟁을 볼 수 있다.* 오늘날에는 신자유주의 지구화가 전 세계적 농업 저항이라는 대항운동을 만들어내고 있다는 주장이 그런 신념을 대변한다(McMichael, 2006).**

1970년대 후반의 말레이시아의 마을을 연구한 제임스 스콧James Scott의 《약자의 무기Weapons of the Weak》(1985)는 일상적 규모의 저항 사례를 보여준다. 스콧은 사회적으로 분화된 농촌 사회 안에서는 일시적이고 누구에게든 잘 알려진 투쟁이나 폭동보다는 '일상적 형태의 소농의 저항'이 끼친 지속적이고 누적적인 효과가 소농의 조건을 더 많이 개선할 수 있다는 도발적 주장을 펼쳤다.*** 하지만 자본의 이해관계 혹은 전지전능함이라는 한 측면의 주장을 영웅적 수준에서 일상적 수준까지 다양한 규모에서 농민의 저항이라는 다른 측면으로 대체하는 것이 [변화의 원인을] 설명하는 데 과연 유용할까?

식민 시대에 식민지 정부는 엄청난 격변이나 혼란을 야기할 대

---

* 배링턴 무어는 17세기 영국, 18세기 프랑스, 19세기 미국(미국 남북전쟁과 이후의 마지막 자본주의 혁명으로서 노예제 폐지), 19세기와 20세기 중국, 일본, 인도의(식민지 사례들) 국가 형성 과정에서 지주와 소농 간 계급 투쟁의 역할을 비교하는 독보적인 연구를 남겼다(Moore, 1966).

** 규제받지 않는 자본주의 발전에 대한 '대항운동'이라는 개념은 칼 폴라니의 유명한 연구로부터 기인한다(Polanyi, 1957).

*** 따라서 스콧은 현재의 "지구적 농업 저항"(Scott, 2005)을 옹호하는 주장들에 회의적이다. 이는 8장을 참고하라.

규모 농민 수탈의 과업을 수행할 준비가 안 된 경우(특히 농민 인구가 과소한 지역에서)가 종종 있었다. 3장에서 살펴보았듯이, 이런 경우 식민지 정부는 직접적이든 간접적이든 혹은 의도적이든 의도하지 않았든 간에 소농의 생계의 상품화를 촉진하는 수단을 강구한다. 생계의 상품화는 토지 소유권 통제를 포함하는 농촌의 행정 체계에서 토착적 위계, 즉 '오래된[식민 이전의] 권력 구조'(Bagchi, 2009: 87)의 병합 혹은 적용에 의해 촉진되었다. 라틴아메리카의 카시케caciques, 북인도의 자민다르, 사하라 이남 아프리카의 족장tribal chiefs이 여기에 해당된다(Mamdani, 1996). 인도와 아프리카에서 식민지 정부는 소농을 자본주의적 소농민 계급인 자작농yeomanry으로 육성하는 정책을 펼치기도 했다.

식민지 프로젝트와 원주민 농민에 대한 그 영향은 보통 그것 자체의 모순 때문에 형성되고 제약된다. 아프리카의 영국 식민지 사례를 보자(Cowen and Shenton, 1991a; 1991b). 영국의 식민 지배자들은 아프리카에 사회적, 정치적 혼란 없이 경제적 진보를 전수하고자 했다. 즉, 관습적인 수단으로 사회 질서를 유지한 채 아프리카인에게 부르주아 문명의 물질적 기반인 상품의 생산과 소비를 점진적으로 소개하려 했다. 이로써 농촌 공동체와 부족의 정체성, 원로와 족장의 권위는 오히려 강화되었다. 따라서 아프리카인은 토지에 대한 사적 등기나 은행 신용에 대한 접근권 같은 부르주아적 권리들을 즉각적으로 향유할 수 없었다. 코언과 셴

턴의 관점에서 볼 때, 아프리카인에게 더 많은 혜택을 제공할 수 있었던 자본주의의 더 완전한 발전을 억제한 셈이다.

마지막으로, 몇몇 식민지 소농은 스스로 특화된 상품 생산의 새 경로를 창출했다. 가나 남부의 이주농민에 의한 코코아 농업에 관한 폴리 힐의 연구는 생계형 농민이 상품 생산자로 자기 전환한 대표적인 사례를 보여준다(Hill, 1963). 힐은 그들 중 더 성공한 이들은 자본주의적 농민이 되었다고 확신한다. 보다 일반적으로, 많은 소농은 단순히 식민지 세금의 수동적 희생자나 적극적인 반대자가 되기보다 자신이 직면한 상품 생산(생계의 상품화)에 대응한 전환을 모색했다. 상황의 호불호를 떠나 그들은 동원 가능한 자원(토지나 노동력)을 활용해 크고 작은 성공을 일구기도 했다. 이와 비슷한 일들이 식민 지배를 벗어나 독립한 이후 국가 발전이라는 이름으로 부과된 것들에 대한 대응에서도 일어났다.

정치적 독립과 발전주의의 시대와 더불어 근대화와 더 진전된 상품화의 연장선상에서 소농의 발전을 촉진하는 의도적 전략들이 존재했다. 이런 정책의 일부가 이뤄낸 것들은 4장에서 서술된 바 있지만, 여기서 나는 굉장히 중요한 다른 정책을 검토할 것이다. 바로 재분배적 '토지개혁'이다. 토지개혁에 관한 분석은 이 장에서 제시되지만, 다음 장에서도 계속 중요하게 다룰 것이다.

토지개혁의 사례들

토지개혁은 18세기 후반 프랑스혁명 이후 근대 역사의 핵심적 국면마다 나타났다. 토지 소유권의 재분배는 다음과 같이 매우 다양한 형태를 취한다.

- 큰 농장과 영지를 몰수하고 소농에게 그것들을 재분할.
- 이미 농사를 짓고 있는 소농에게 토지의 소유권을 넘겨주거나, 소농을 강제적 지대 징수와 지주의 권위로부터 해방시켜 좀 더 안정적인 점유권을 보장.
- 거대 상업 농장과 플랜테이션의 국유화 또는 사회화.
- 구 소비에트 블록이나 중국, 베트남, 쿠바에서 국영 농장 또는 코뮌의 해체.

토지개혁은 주로 경제적 합리성을 내세우며 시작돼 상당한 사회경제적 영향을 끼치지만, 그 과정은 언제나 정치적 목적의 정당화와 관련이 있다. 위의 네 가지 경우 중 앞의 두 형태는 '경작자에게 토지를'이라는 강력한 슬로건 아래 이루어졌으며, 상향식 및 하향식 토지개혁 모두 그러했다. 아래로부터의 토지개혁에서 빈곤, 기아, 사회 부정의, 억압에 대항하는 소농의 정치적 행동은 핵심적 역할을 수행한다. 농민 행동은 1900년부터 1970년대까지 강렬하게 고조되었다. 1910년대 멕시코와 러시아, 양차 대전 사이의 동서유럽과 중국(1940~50년대), 볼리비아(1950년대), 베트남과 알제리(1950~60년대), 페루(1960년대), 모잠비크와 니카라과(1970~80년대)가 대표적인 사례다. 개인의 대토지 소유에 대한 투쟁과 그 사회적 영향력은 특히 그들이 반식민지, 반제국주의 투쟁과 결합되었을 때 강력하게 전개되었다.

한편, 전후에 농민전쟁과 사회혁명으로 대표되는 사회적 격변을 피하려고 미리 토지개혁을 실시한 경우도 있다. 대표적으로, 미군 점령하의 1940~50년대 이탈리아, 일본, 남한, 그리고 쿠바혁명 직후 1960년대 친미 성향의 라틴아메리카 국가들U.S.-led Alliance for Progress이 대표적이다. 1950년대에서 1970년대까지 다양한 국가에서 민족주의적인 근대화 세력에 의해 이루어진 또다른 하향식 토지개혁 사례도 있다. 독립 이후 인도의 네루 정부, 이집트의 나세르 정부, 이란의 2대 샤Shah가 그러하다.

하향식 토지개혁은 대체로 1970년대 이후 농업 및 개발 정책 의제에서 사라졌다가 1990년대에 자유매각 자유매입willing seller, willing buyer 원칙의 시장 주도 개혁과 더불어 다시 부상했다. 국제농업개발기금International Fund for Agricultural Development, IFAD은 다음과 같이 말한다. "이전의 토지개혁들은 지나치게 몰수 중심적이거나 국가주의 하향식이었다. 토지개혁의 새 물결은 탈중심화적이고, 시장친화적이며, 시민사회의 행동과 동의를 강조하며, 정의

롭고 내구성 있는 소유권처럼 실현 가능하고 지속적이다"(IFAD, 2001: 75).

하향식 토지개혁이 내세우는 경제적 논리에 따르면, 안정적인 토지 점유권과 적절한 인센티브가 주어지면, 토지를 놀리거나 농업 이윤을 농업 생산에 재투자하는 대신 투기와 지대 전유로 활용하던 대규모 지주들과 달리 소농은 생산성을 증대시킬 것이다. 여기서 하향식 토지개혁은 농업 근대화를 주장하지만, 상업적으로 성공한 자본주의적 농장의 분할을 목표로 삼지는 않았다. 1960년대 칠레에서 에두아르도 프레이가 이끈 기독민주당 정부에서 토지개혁을 담당한 장관 촌촐의 말이 시사하는 바다.

(토지개혁의) 새로운 소농 수혜자 일부는 **기업가로서는 실패**할 것이다. … 수혜자와 토지의 너무 엄격한 제도화는 삼갈 필요가 있다. 시간이 지나면 **자연 선택**이 발생하게 되어 **실패한 이들을 퇴출**시킬 것이다(Chonchol, 1970: 160).

이 조언처럼, 근대화를 향한 토지개혁 일부는 농업에서 자본주의 발전을 가속화했다. 그 과정에서 농촌 인구에서 가장 가난한 농민 집단은 보다 부유한 소농이나 자본주의 농민의 맹아들보다 더 적은 토지를 획득했다. 인도, 이집트, 이란, 라틴아메리카의 상당수 지역에서 가장 취약한 토지권을 갖고 있는 여성 농민과 농촌 임금노동자들이 가난한 농민 집단에 해당한다. 스웨덴 경제학자 미르달은 1960년대 인도 연구를 통해, 독립 후 토지개혁으로 당대 정부의 핵심 지지층인 농촌 상류층의 정치, 사회, 경제적 지위가 강화되었다고 주장했다(Myrdal, 1968: 1387). 역사가 데이비드 로는 미르달의 연구를 인용하면서 이란, 이집트, 아시아와 아프리카의 여러 지역으로 연구를 확대했다(Low, 1996:25).

결론

이 장에서 간략하게 검토한 토지개혁에 의해 추가된 쟁점은 다음과 같다.

첫째, 자본주의에서 소규모 영농이 어떻게 지속할 수 있었는지 보여주는 중요한 정치적 동학의 사례를 추가적으로 제공했다.

둘째, 상향식 토지개혁으로 소농이 자가발전 가능한 상품 생산자(촌촌의 용어로는, 시장에서 경쟁력이 있으며 자기 몫을 챙길 줄 아는 '기업가')로 성장할 수 있었던 경제적 논리를 밝혔다. 이것은 다음 장의 주요 주제 중 하나와 연결된다.

셋째, 서로 다른 종류의 토지개혁으로부터 누가 이득을 보았는지의 문제는 7장에서 다루는 '농민들 사이에서의 계급 형성'에서 제기되는 질문과 연결된다.

7

농촌의
계급 구성

많은 이들이 주장하듯이, 남반부의 가족 농(소농)은 사회적 계급으로 구성되어 있을까? 또한, 이 계급에는 북반부의 가족농까지 포함되는 것인가? 일반적으로 이런 관점은 이 농민들이 단순 재생산(생계)에 종사하는 가족농 단위를 대표하며, 이들은 명백한 (서론에서 언급한) 공통의 가치와 덕목을 공유한다는 주장을 기초로 한다. 일반적으로 '가족농 옹호론자'들은 자율성에 대한 자신의 열망을 강조한다. 그 열망이란, 가치가 있다고 여겨지는, 즉 사회적으로 평등하거나 환경친화적(로컬푸드 경제 포함)인 방법으로 농사를 짓는 식으로 농업에 대한 지구화의 무자비한 압력에 저항하는 것을 가리킨다.[*]

그런데 특정한 열망이나 가치의 조합에 의해 하나의 계급을 규정할 수 있을까? 이 책이 강조하는 정치경제학에서, 계급은 생산의 사회적 관계에 기초한다. 따라서 하나의 계급은 오직 다른 계급과의 관계를 통해서만 규정될 수 있다. 5장에서 언급했듯이 일부 대중 추수주의자는 가족농이 자본과의 관계에서, 즉 어떤 의미로는 자본에 의해 착취당한다는 점에서 계급이라고 주장

[*] 대안적 농업 실천을 통해 그런 일을 앞장서 추진했던 농민들을 판 더르 플루흐는 "새로운 농민층the new peasantries"(van der Ploeg, 2008)이라고 불렀다.

한다. 하지만 나는 6장에서, (임노동과 다른 의미로) 영농에서 **가족농**에 대한 자본주의적 착취의 몇 가지 가능한 의미를 밝혔다. 다른 사람의 생산수단에 의존하거나 자기 착취의 방식으로 일하는 것이, 자본에 이득이 되는 방식으로 간접적인 착취가 될 수 있다고 지적한 것이다.*

일부 학자는 남반부의 가족농이 식민 시대와 발전주의 시대 동안에는 축적의 중심이었던 자본이나 국가에 의해 역사적으로 착취당한 하나의 계급이었으며, 현재는 탈취 혹은 '지구적인 탈소농화'(5장 아라기의 설명 참고)의 대상이 되고 있다고 본다. [착취 대신] 탈취나 주변화를 사용하는 이유는 자본(혹은 자본주의 농업)이 더 이상 그들을 필요로 하지 않는다는 가정 아래 착취의 대상이 되는 소농의 절대적 수가 줄어들고 있음을 함의한다.

이번 장에서 나는 가족농이 실제로 하나의 단일한 피착취 '계급'을 대표하는지, 아니면 그 자체가 다양한 계급으로 분화하고 있는지 탐구할 것이다. 이를 위해 **상품화, 단순상품생산, 분화(혹은 차별화)** 간의 관계와 역동성을 검토할 것이며, 그 이후에는 자본주의에서 **노동의 계급들**classes of labour 을 검토할 것이다. 이런 개념은 모두 앞에서 이미 언급된 것인데, 이 장에서는 분석의 각 단

---

* 어디에나 있는 모든 소농으로 구성된 '땅의 사람들'이 하나의 계급이 될 수 있다거나, 적어도 공동의 정치적 프로젝트 안에서 단결함으로써 계급과 유사한 속성을 획득할 수 있다는 주장도 가능하다. 이는 다음 장에서 좀 더 다룬다.

계마다 복잡성을 더해가며 개념들을 보다 심도 있게 검토할 것이다. 나는 실제 세계에서 그런 복잡성의 형태와 원천을 이론적으로 탐구할 수 있는 '결정 요인들'을 소개하겠다.

가족농의 계급적 동학

상품화

상품화commodification는 생산과 사회적 재생산의 요소들이 시장 교환을 위해 생산되고, 시장을 통해 획득되며, 시장의 규율과 강요에 종속되는 과정이다. 자본주의에서 이 과정은 자본과 임노동 간의 근본적인 사회적 관계의 역사상 등장과 형성을 전제로 한다. 그렇다고 일반화된 상품 생산을 향한 자본주의의 주된 경향에 따라 사회적 생활의 모든 요소가 필연적이며 포괄적으로 상품화된다는 뜻은 아니며, 오히려 생계수단이 상품화된다는 뜻이다. 즉, 모든 재생산이 상품관계 및 그것이 부과하는 규율 안에서만 이루어질 수 있게 된다(마르크스의 '경제력의 암묵적 강제').

물론, 소규모 영농의 상품화 과정은 다양한 변이를 드러낸다. 마르크스(그리고 칼 폴라니 같은 다른 이들)에게, 토지의 인클로저와 사유 재산으로의 전환은 영국에서 본원적 축적의 결정적 계기

였지만(2장 참고), 생산과 재생산 요소들의 상품화에 관한 또 다른 장면들도 존재했다. 예를 들어, 식민지라는 역사적 장면에서 일반적으로 먼저 작물의 상품화('강제적 상품화'의 한 형태)가 시작된 후 일부 소비 수단의 상품화가 뒤따르고, 이어서 농기구나 여타의 노동 수단의 상품화가 이어지며, 노동 그 자체의 상품화를 거쳐, 마침내 (노동의 대상인) 토지의 상품화가 발생한다. 남반부의 일부 농촌 지역에서는 법률에 의거해 강제로 적용된 토지에 대한 사적 소유권이 여전히 유효하게 확립되지 않은 채 저항과 논란이 이어지고 있다. 하지만 이러한 토지 분쟁이 영농에서 상품 관계의 발전에 큰 장애물은 아니다. 토지 부문의 '토착 시장'과 독립적으로 토지는 법률de jure이 아니라 관행de facto에 따라 사적 소유물로 인정되고 있기 때문이다. 사실, 토착 토지 시장이 활성화된 곳은 전형적으로 역동적인 농업 소상품(및 약간 규모가 있는) 생산지에서 발견된다(Chimhowu and Woodhouse, 2006).

단순상품생산(Petty Commodity Production)

자본주의에서 단순상품생산은 자본과 노동 양자가 차지하는 계급의 '장소들', 혹은 위치와 결합한다. 즉, 영농에서 토지, 농기구, 종자, 비료와 기타 농약류의 형태로 존재하는 자본과 가족 혹은 가구의 형태를 지닌 노동이 결합하는 것이다. 몇 가지 이유에서 이런 계급 장소들은 '모순적 결합'을 취한다. 첫째, 농가 단위에서 이런 계급 장소들이 균등하게 분배되지 않는다. 특히 서론의 탄자니아 사례가 그러하듯 소유권, 노동, 수입, 지출의 성별화된 구분을 기억하라. 둘째, 생산수단(자본)을 재생산하는 것과 생산자(노동)를 재생산하는 것 사이에 모순이 존재한다. 1장에서 구분한 용어에 따르면, 한쪽에서는 대체 재원과 지대 재원 사이에서, 다른 한쪽에서는 소비 재원이나 세대 재생산 재원 사이에서 소득(대출금 포함)을 분배하는 것과 관련되며, 분배는 보통의 경우 아주 성별화된 방식으로 이루어진다. 셋째, 계급 장소들의 모순적 결합은, 소상품 경영체 분화의 원천이 된다. 세 번째 모순을 좀 더 살펴보자.

이런 접근은 오늘날보다는 과거에 보편적이었으나 오류였던 가정, 즉 남반부의 소농은 생계형 경작자이며 그들의 일차적 목표는 스스로 농사로부터 필요한 식량을 공급한다는 입장과 대조적이다. 그런 목적의 충족을 넘어서 시장에 개입하는 것은 일종의 재량 혹은 선택의 문제로 볼 필요가 있는데, 나는 이를 '생계 플러스' 모델로 명명하겠다. 앞서 나는 어떤 농가가 자본주의적 상품관계에 한번 통합되면, 그들은 상품화의 역동성과 강제에 종속된다고 주장했다. 즉, 상품관계나 관행을 내면화한다는 것이다. 만약 소농이 자가 소비만을 위해 농사를 짓는다면, 이들은 다른 방식, 예컨대 자신의 노동력을 판매하는 식으로 상품관계에 통합될 수밖에 없다. 이처럼 생계형 생산이 임노동을 통해 필요 재원을 충족하는 경우는 흔하다. 자가 영농을 하는 소농은 주기적으로, 혹은 적어도 흉작을 맞았을 때에는, 가내 소비를 위한 식량 부족분을 구매할 필요가 있다. 사실상, '생계 플러스' 모델은 선후가 바뀌었다. '소농'이 자기 생산만으로 식량 필요를 충족하는 것은 그들이 어떤 식으로든 상품관계에 통합되어 있는 선에서 가능하다.

계급 분화(Class Differentiation)

앞서 3장에서, 1940년대 아시아나 1950년대 후반의 아프리카, 혹은 더 이른 시기의 라틴아메리카에서 식민 지배가 종식될 때까지 소규모 농민 혹은 소농은 '경제력의 암묵적 강제'에 의해 상품관계에 '갇혀' 있었다고 주장했다. 그런데 이 경우에, 레닌(1964a)의 용어를 따르자면 부농, 중농, 빈농으로 계급 분화의 경향이 존재했다.

- 부농rich peasants은 생산적 자산을 축적하고 스스로 확대 재생산에 참여함으로써 더 큰 규모의 자본을 재생산할 수 있는 농민에 해당한다. 이들은 신흥 자본주의 농민이 된다.
- 중간 농민 혹은 레닌의 용어로 중농middle peasants은 동일한 규

모의 생산을 가능케 하는 자본과 동일한 규모의 소비(혹은 세대 재생산, 마르크스의 용어로는 단순 재생산)를 가능케 하는 수준의 농사를 짓는 이들에 해당한다.

- 동일한 생산 규모와 그저 먹고사는 수준으로 소비 규모를 유지하기 위해 분투(나는 이를 단순 재생산 압박이라 부른다)해야만 하는 이들은 빈농poor peasants에 해당한다.

신흥 자본주의 농업 경영인은 가족노동을 대신하여 혹은 그에 추가하여 임노동을 고용하는 경향이 있다. 빈농은 스스로의 재생산에서 자본과 노동의 모순을 절실히 체험하며, 채무를 갚거나 종자를 구매하거나 자투리 토지 혹은 가축(소)을 유지하려고 극한 수준까지 소비를 줄이곤 한다. 차야노프의 말을 빌리자면 "생존을 위한 가장 잔인한 경제적 경쟁 과정 안에서, 굶주림을 견디는 법을 아는 [소규모 농민이] 가장 잘 적응한 이들이다"(Chayanov, 1991: 40).

중간 농민, 특히 상대적으로 안정된 단순상품생산자들은 농업 인민주의(6장 참고)의 핵심이거나 일부 식민 정부가 실제로 이상향으로 삼았던 '자작농yeoman farmer'의 핵심적 존재라는 점에서 특별한 주목을 끈다. 중농의 조건은 자본주의 이전의 농촌 공동체에서 일종의 평균에 해당하며, 다소 낭만화된 것이기는 하나 내재적으로 평등하다고 여겨지는 이상향에 대한 가정을 반영

한다. 결과적으로 부농과 빈농의 등장은 불운한 편향이자 일종의 불명예스러운 일로, 농민 공동체 외부의 사악한 힘에 의해 야기된 것으로 비춰진다.

나는 여기서 좀 다른 관점의 이론적 도식, 즉 중농 역시 계급 분화에 의해 생성된다는 주장을 제안하려 한다. 상품화 과정은 영농에서 자본의 진입 비용과 재생산 비용, 그리고 높아진 비용에 따른 위험을 상승시키며, 영농에 필요한 토지나 노동을 둘러싼 경쟁을 심화시킨다. 따라서 중농이라도 이웃 빈농의 희생을 대가로 자신의 농업 상품 경영 계획을 수립하며, 상승된 비용이나 위험을 감당하지 못할 경우에는 가진 것을 잃을 수밖에 없다. 이 경우 이들은 농업에서 퇴출 압력에 직면하거나 아직 빚을 감당할 수 있을 때에는 높은 채무에 시달리거나 서론에서 소개했던 한계 영농 수준으로 밀려난다.

인도의 녹색혁명은 분화의 이런 측면에 관해 하나의 단서를 제공한다. 선진 생화학 투입재 패키지에 기초한 녹색혁명은 '규모 중립성scale neutral'을 약속했다. 즉, 최소한의 규모의 경제를 요구하는 기계화와는 달리 어떤 규모의 농사일에도 적용 가능하며 이윤을 증대시킬 수 있다는 것이다. 하지만 주어진 기술의 속성으로서 규모 중립성은 '누가 무엇을 소유했는가?' 혹은 차별화와 그 효과에 관한 질문과 관련 있는 사회적 속성으로서 '자원 중립성'과 같지 않다. 존 해리스는 인도에 적용된 녹색혁명 패키지를 다음과 같이 설명했다. "여기서 중요한 점은 더 많은 자원을 동원할 수 있는 이들이 더 심화된 자본 집약적 기술에 따른 위험에 대응하는 데 훨씬 나은 위치를 점유한다는 것이다"*(Harriss, 1987: 321).

한계 농민 혹은 '농사짓기에는 너무 가난한' 이들이라고 해서 농사지을 땅에 대한 접근권이 언제나 부족한 것은 아니며, 오히려 그들은 영농을 통한 재생산에 필요한 다음과 같은 요소의 일부를 결여하고 있다.

- 충분히 비옥한 충분한 토지(상품).
- 도구나 종자처럼 기타의 필수적인 생산수단을 구입할 능력.
- 적절한 노동을 지시할 수 있는 능력. 일반적으로 젠더의 효과에 따라 여성 농민은 남성 노동자를 [제대로] 부리지 못한다.

단순상품생산자인 농민층의 계급적 분화에는 다른 요소나 복잡성도 관련이 있다. 예를 들어, 농촌의 노동 시장은 농업 단순상품생산의 핵심적 조건이다. 하지만 때때로 소규모 농민마저도 농업 임노동자를 고용한다는 사실은 간과되곤 한다. 현대 유럽

---

* 또한 그것들은 종종 좀 더 쉽게 그리고 좀 더 많은 이윤을 보장하는 다수확 품종 패키지를 얻기 위해 더 나은 곳에 식재되곤 한다.

의 농촌에 대한 토비 셸리의 관찰에 따르면, "프랑스는 자급자족하는 소농식 농업에 자부심을 갖고 있지만, 모로코 출신의 농업노동자가 없다면 많은 농민이 어려움을 겪을 것이다"*(Shelley, 2007: 1). 또한, 1980년대 코스타리카 농촌에 대한 우수한 연구를 수행한 마크 에델만은 노동자 혹은 일꾼peons을 고용하는 소농을 언급하면서, 소농들이 일꾼을 고용할 충분한 현금을 가지지 못한 것을 토로할 뿐, 그런 일꾼이 누구인지, 농촌의 계급 구조에서 어디에 속하는지는 거의 말하지 않는다고 적고 있다(Edelman, 1999: 122, 123, 167).

범위가 좀 더 넓은 또 다른 일반적 주제 혹은 가설은 농민의 영농 행위, 운, 전망이 점점 더 자신의 농지 밖에서 이루어지는 비영농 행위들에 의해 규정되는 경우가 많아졌으며, 그런 행위를 통해 얻은 소득이 소비 재원(노동력의 재생산)과 투자 재원(자본의 재생산)으로 제공되었다는 것이다. 관련하여 프랭크 엘리스는 다음과 같이 말했다. "비농업non-farm 소득원이 개발도상국 농가의 생활수준을 묘사하는 데 의심할 바 없이 중요해지고 있다"(Ellis, 1998: 10). 이와 같은 농촌 생계의 다변화는 계급 분화 경향과 관련이 있다. 즉, 환경에 따라 계급 분화가 강화될 수도, 억제될 수

---

* 오늘날 프랑스의 영농 행태를 '자영농'으로 설명하는 것은 이상하게 보일 수 있다. 사실 셸리가 말하고자 했던 것은 특정 국가의 인민주의적 신화로 인해 고용된 노동자, 특히 이주민 농업노동자가 시야에서 사라졌다는 점이다.

도 있다.

신흥 자본주의 농민은 작물 거래와 가공, 농촌 소매업이나 운송, 선지급 신용, 역축 동물(소)이나 트랙터의 대여, 관개수의 판매 같은 농업 관련 행동에 투자하곤 한다. 이들은 또한 아들의 교육, 딸의 좋은 혼처 마련, 보다 일반적으로 정치적 과정과 영향에서 혜택을 얻기 위한 공무원과의 협력 등을 위해 [농촌이 아닌] 도시에 투자하기도 한다. 다시 말해, 그들은 '축적의 다각화'를 수행한다(Hart, 1994).

중간 규모의 농민은 농업의 재생산 비용 증가에 대응해 부수적인 소득원으로 이주노동을 포함하는 농외off-farm 경제활동과 자가 영농을 대체로 병행한다. 뿐만 아니라 앞서 언급했듯이, 이들의 영농 활동은 무토지 노동자나 한계 농민이 이주노동을 통해 제공하는 농업 임노동을 고용할 수 있는 역량에 달려 있다. 또한, 농외 경제활동을 떠난 가족을 대체하기 위해 혹은 파종이나 수확과 같은 중요한 영농 기간 동안 가족노동력에 부가적인 노동력을 더하기 위해 임노동자를 고용할 수도 있다.

빈농 혹은 한계 농민은 근본적으로 자신의 노동력을 판매함으로써 스스로의 재생산을 위한 '생존' 활동을 영위한다. 좀 늦기는 했지만 IFAD나 세계은행 같은 조직들도 이러한 사실을 인지하고 있다. IFAD가 출간한《농촌 빈곤 보고서 2001Rural Poverty Report 2001》는 빈곤 농민이 "자신의 노동력을 팔아서 겨우 살아가

지역	남성	여성
사하라 이남 아프리카	56.6	53.5
남아시아	33.1	12.7
동아시아 및 태평양(중국 제외)	46.8	38.4
중동과 북아프리카	24.6	38.6
유럽과 중앙아시아	8.5	6.9
라틴아메리카와 카리브해	38.4	22.8

고 있다"(2001: 230)라고 밝혔으며, 세계은행이 발간한 《세계 발전 보고서 2008World Development Report 2008》는 농촌 빈곤과 관련하여 〈표 7.1〉(2007: 205)을 제시했다.

이 표에서 볼 때, 자가 영농을 일차적 경제활동으로 삼는 성인 농촌 인구가 총인구의 과반수를 넘는 지역은 사하라 이남 아프리카가 유일하다. 하지만 탈농업화de-agrarianization 또는 탈소농화 de-peasantization(Bryceson, 1999)의 강력한 추세로 인해, 사하라 이남 아프리카에서도 비영농 경제활동에서 파생된 농가소득 비중이 점차 증가하고 있다. 게다가 최근 수십 년간 대부분의 사하라 이남 아프리카를 집어삼킨 광범위한 경제 위기는 자가 영농과 이주노동의 장기적인 결합을 낳았고, 이로 인해 추가적인 재생산의 압박이 부가되었다. 코델과 동료들은 이를 '괭이와 임금'의 결합이라 표현했다(Cordell et al., 1996). 이들의 설명에 따르면, 한때 도시에서의 고용 기회('비공식' 고용이나 자영업)는 농촌의 영농을 지원하는 역할을 했지만, 큰 틀에서 신자유주의적 지구화의 결과로 도시 고용 기회가 줄어듦에 따라 대부분의 농가에 미치는 경제적 압력은 증가했다(5장 참고).

농촌에서 계급 구성을 보다 복잡하게 만드는 요소는, 남반부에서 소농의 불안정한 조건이 농가의 재생산에 악영향을 끼친다는 점이다. [남반부의] 중농은, 한편으로는 가뭄이나 홍수 같은 충격적인 자연재해에 기본적으로 취약하고, 다른 한편으로는 구매해야 하는 것과 살 수 있는 능력 사이의 교환조건 악화(다시 말해 '단순 재생산 압박')로 인해 종종 빈농의 지위로 추락한다. 농사일로 충분한 소득을 얻지 못하면, 그들은 '투입재' 구매를 줄이거나 식량, 임노동 고용 비용을 줄일 수밖에 없다. 결과적으로, 수확량이 줄거나(악천후, 병충해, 비료 부족, 노동력 부족 등에 따라), 상품 가격이 떨어지거나, 대부분의 소득을 빚 탕감에 써야 할 경우 이러한 일 [중농의 빈농 추락]이 발생한다. 충격적 사건에 대한 개별 가구의 취약성도 불안정성을 높인다. 예컨대, 핵심 가족 구성원*이나 중요

---

* 남반부, 특히 아프리카의 일부 지역에서는 후천성 면역 결핍 증후군HIV-AIDS이 농촌 보건상의 실질적인 위협이 되고 있다.

한 가축이 병을 앓거나 죽으면, 해당 농민의 계급은 '버티기와 추락' 사이의 문턱을 넘나들게 된다.

차별화(계급 분화)의 진폭

20세기 중반에 이르기까지 남반부의 소농 집단은 점점 더 상품관계에 포섭되었으며, 매우 불균등하게 천차만별의 계급들로 분화되었다. 일부 지역에서는 식민지적 약탈로 인해 분화의 범위가 제한되기도 했다. 예를 들어, 인도 식민지에서처럼 '흡혈귀 같은 지주제'(3장 참고)가 존재한다거나 대부업자나 상인이 농촌경제에 대한 강한 지배력을 행사할 경우에는 농민층의 분화[젠트리나 자본주의적 농민의 등장]가 제한되었다. 하지만 규모의 차이가 있더라도 농민의 계급 분화는 상품화 과정에서 서서히 등장했으며, 가끔씩은 식민지 농업 정책에 의해 촉진되기도 했다. 6장에서도 소개했던 로의 연구에 따르면, 지역 단위에서 뿌리 내린 아시아와 아프리카의 부농은 독립과 동시에 농촌에서 지배적인 사회 세력이 되었다(Low, 1996). 또한 그들의 영향력은 종종 농촌을 넘어서 뻗어나갔다.

소규모 영농이 상품화되는 형태와 마찬가지로 농민 분화의 형태 또한 엄청난 다양성을 보여준다. 소상품생산에서 계급 위치 간 모순적 통합에 의해 분화의 경향성을 이론적으로 확인할 수는 있지만, 그렇다고 모든 곳에서 계급 분화의 흐름, 메커니즘, 리듬, 형태가 동일할 수는 없다. 이는 (마르크스가 말한) '수많은 결정 요인'이 그 경향성과 특수하고 구체적인 조건들과 지역의 역동성을 매개하기 때문이다. 나는 그런 결정 요인의 일부가 역설적으로 나타날 수 있음을 지적했다. 예를 들어, 중간 규모의 농민에게 비농업소득이 중심이 되면서 재생산을 위한 노동력은 임노동자의 고용에 의존하게 되는 경우를 생각해보자. 여기서 이상적인 이미지로서의 가족농, '중농', 혹은 강건한 자작농은 더 이상 찾을 수 없지 않은가! 유사하게, 빈곤층의 노동력 판매는 (비록 한계지라 해도) 토지 소유자가 되는 데 도움이 되기도 한다. 종종 빈농은 그렇게 되기 위해 상당한 희생을 감내한다. 그들에게 토지는 그들이 직면했던 '존재를 위한 경제적 투쟁' 안에서 안전 혹은 희망의 요소를 대표한다. 또한, 토지는 문화적 가치와 정체성의 지표이기도 하다.

사회적 환경에 따라 부농에 의한 영농의 팽창은 제한될 수 있다. 해리스는 인도 서남부 지역 연구에서 한 농촌 마을을 연구했다(Harris, 1987). 농민이 평균적으로 가구당 1.2헥타르 규모로 관개된 쌀과 땅콩을 경작하는 곳이었다. 가구 간 불평등이 존재했지만 영농 규모와 토지 분배라는 차원에서 그 불평등이 심화되지는 않았다. 그 한 가지 이유는, 인구밀도가 높고 집약적 농경이 이루어지는 곳에서 부농의 추가적인 토지 취득에 대한 저항이 컸기 때문이다. 또한, 많은 자식(아들)에게 가족의 토지 자산을 분배하는 과정에서 토지 규모는 오히려 줄어들 수도 있었기 때문이다. 따라서 부농은 영농 규모의 확대보다는 수익성과 현실 가능성을 고려해 쌀 유통에 뛰어들어 가계 소득원을 다각화했다.

반대의 경우를, 맘다니가 연구한 우간다 북부의 한 마을에서 찾아볼 수 있다. 맘다니가 만났던 자본가는 다음과 같이 말했다. "1980년대의 기근은 우리의 축적에 도움이 되었다. 사람들은 굶주렸고, 그들은 토지와 소를 비롯해 자기가 갖고 있던 것들을 우리에게 값싸게 판매했다. 우리가 토지를 구입하던 시기에 그런 일들이 있었다"(Mamdani, 1987: 208). 자본주의의 위기는 언제나 일부 집단에게는 일정한 기회 제공으로 작동하며, 이와 같은 동학은 농촌 지역의 계급 구성을 복잡하게 하거나 계급의 등고선을 유동적으로 만든다.

노동의 계급들

시어도어 샤닌은 차야노프의 주요 저작이 출판되고 60여 년이 지난 뒤 그의 유산을 검토하면서 "농촌 사회와 농촌 문제는 그 자체로 수수께끼이며, 농업 그 자체보다 폭넓게 노동과 자본의 흐름의 관점에서 이해되어야 한다(Shanin, 1986: 19)"라고 주장했다. 자본을 고려한다는 것을 우리는 '농가를 넘어선 농업agriculture beyond the farm'이라고 부를 수 있다. 앞서 4장에서는 근대 자본주의에서 경제적·정치적 측면에서의 영농과 '농업 부문agricultural sector'의 구분을 다룬 바 있다. 여기서 말하는 농업 부문에는 '농촌을 넘어선 농업자본agrarian capital beyond the countryside', 다시 말해 도시 자본가(정치인, 공무원, 군대 관료, 부유층을 포함함)나 농식품기업 자본에 의한 토지나 농장에 대한 투자가 포함된다.

앞 절에서는 간략하게 상품화를 다루면서, 소상품생산의 계급적 기반과 가족농의 계급 분화를 통해 또 다른 차원으로서 노동에 주목했다. 이는 또한 '농가를 넘어선 농촌 노동rural labour beyond the farm'이라 부를 수 있는데, 여기에는 땅을 가지지 못해 자영이 불가능한 완전히 프롤레타리아화된 농업노동자뿐 아니라, 한계지 농민이나 너무 가난해서 농사일만으로는 가족의 생계나 재생산을 충당하지 못하는 이들까지 모두 포함된다. 노동의 범주는 대체로 그 사회적 경계가 유동적인데, 이들은 지역적 차원에서는 이웃(자본가적 생산자 및 단순상품생산자)의 농장에 고용되거나 계절에 따라 좀 더 원거리의 자본주의적 농장이나 보다 체계가 잡힌 소상품생산 지역으로 이주해 노동을 판매한다. 원거리 이주는 자국 내에서 이루어질 수도 있지만 국경을 넘어 다른 나라로 가는 경우도 있다. 얀 브레멘이 말하는 '족쇄 풀린 노동footloose labour'(Breman, 1996)은 오늘날 남반부 농촌 지역의 사회적 삶이 지닌 무거운 진실이며 이를 통해 영농의 유형이 자본 역동성에 의해 분화되는 방식을 드러낸다.

내가 '노동의 계급들classes of labour'이라는 용어를 통해 말하려는 것은, "일상적인 재생산을 자신의 노동력 판매에 직간접적으로 의존하는 수가 점점 더 늘어나고 있다"는 사실이다(Panitch and Leys, 2001: ix). 이들은 소득 불안정이나 '궁핍화'뿐만 아니라 고용 불안이나 '표준적' 임금 고용에 대한 사회보장의 신자유주의적 침식에 따른 경제적 추락의 압박이라는 악조건하에서 스스로 재생산을 꾸려내야 한다.* 재생산의 압력은 마이크 데이비스가 말하는 "전 지구적 비공식 노동 계급"(Davis, 2006: 178), 부연하면 "견고하고 빠르게 형성 중이며, 사상 유례가 없었던 약 10억 명에 달하는 지구상의 새로운 사회 계급"의 증가라는 보다 심각한 문제를 낳고 있다.

데이비스는 주로 도시 노동자를 언급했지만, 남반부의 농촌 빈곤층 또한 '전 지구적 비공식 노동 계급'으로 검토해볼 가치가 있다. "자본주의는 자유로운 무토지 노동자를 요구한다는 이론적 전제에 관한 너무나 정형화된 이해"(Lenin, 1964a: 181)를 경고

---

* 종종 이들의 임금은 도시와 농촌의 보다 넓은 친족 네트워크를 지원하는 데 소요되기도 한다.

했던 레닌의 말을 상기할 때, 이들[전 지구적 비공식 노동 계급]이 모든 재생산수단을 탈취당하지는 않았을 수도 있다. 하지만 대부분 이와 같은 노동 계층은 충분한 재생산수단을 소유하지 못하고 있으며, 그들은 늘 단순상품생산자로서 생존 능력의 경계에 위치한다.

남반부의 노동 빈곤층은 위험하고 억압적이며 점점 더 희소해지는 임노동이나 한계 영농을 포함하는 불안정한 소규모의 '비공식 경제적' 생존활동에 의지해 살림(재생산)을 꾸려나가야만 한다. 실제로 대부분의 경우 이들의 생계는 임노동과 자영업의 복잡한 결합을 통해 이루어진다.* 게다가 이들의 재생산수단은 사회적 노동분업에 따라 서로 다른 장소(도시와 농촌, 농업과 비농업, 임노동이나 한계 상황의 자영업)를 가로지르는 경우가 많다. 노동 빈곤층의 사회적 지위와 정체성은 끊임없이 유동적인 경계들 사이에서 임의적으로 고정되며, 따라서 '노동자', '농민', '소상인', '도시', '농촌', '피고용자', '자영업자' 같은 고정적이며 단일한 개념에 머물러 있을 수 없다.

[남반부의 농촌 빈곤층에게] 노동 시장, 임금 받는 노동, 혹은 다른 경제적 행동에서의 성공과 실패는 농업 단순상품생산의 경제성

---

* '자영self-employment'이라는 개념은 상당히 논쟁적이다. 겨우 입에 풀칠할 정도의 임노동자에게 종종 이 용어가 잘못 적용되는 경우가 있다(Harris-White and Gooptu, 2000: 96).

여부(즉, 재생산 가능성)에 주로 달려 있다. 하지만 그런 기회가 농사를 짓는 사람들 사이에서 혹은 농업이나 토지에 이해관계가 달려 있는 사람들 사이에서 균등하게 배분되어 있지는 않다. 따라서 자영농과 비공식 경제 영역에서의 임노동을 결합하는 노동계층 사이에서도 계급은 분화한다. 소농이자 비농업노동자로서 그들의 사회적 거주 공간은 '무자비한 미시자본주의relentless micro-capitalism'라는 세계다(Davis, 2006: 181).

결론

분석적 차원에서 자본 일반을 종종 생각하는 것은 유용하다. 예컨대 자본의 이해관계와 역동성을 언급할 때 나는 자본이라는 용어를 추상적 방식으로 사용하곤 한다. 하지만 [현실에서] 자본은 다음과 같이 구분될 수 있다.

- 부문 및 실천 양식: 농업자본, 산업자본, 금융자본, 상업자본.
- 규모: 소규모(개별 가구들, 소기업, 영농의 단순상품생산자들을 모두 포함)에서 지구적 규모의 대기업까지.
- 자본의 계급들: 특정 부문에서 자본의 이해관계와 전략에 따라 구분됨. 혹은 규모에 따라, 농촌 자본, 지역 자본, 국가 자본,

초국적 자본으로 구분할 수 있음.

    7장에서는 노동의 계급들뿐 아니라 자본의 계급들이 구체적인 수준에서 얼마나 다양한지, 그런 다양성이 농촌 밖의 혹은 농사일이나 농업을 넘어선 요소들(결정 요인)에 의해 어떻게 형성되는지 묘사하고 그 동학을 설명하고자 했다. [농업]자본은 기업형 농비즈니스에서부터 '부유한 소농'이나 마을 단위 자본가까지 그 형태와 계급이 다양하다. 이들은 이웃의 가난한 농민들로부터 토지나 가축을 사서 작물 유통에 참여함으로써 소득을 다각화한다. 이와 같은 다양성과 그러한 다양성이 만들어내는 모순과 갈등에 직면하면, 농민을 하나의 단일한 계급—예컨대 소농이든, 가족농이든, 소규모 농민—으로 단정한다든지 공통된 자본과의 사회적 관계를 통해 하나의 계급으로 구성된다든지 하는 개념을 고수하기가 어려워진다. 다음 장에서는 7장의 주제 위에 정치적 실천과 과정 등과 관련된 추가적인 복잡함, 다시 말해 계급의 정치사회학에 관한 논의들을 검토하겠다.

8

계급의
복잡성

경제사회학과 정치사회학

이번에는, 앞에서 자세히 살펴본 노동 및 자본의 계급들이라는 분석상의 복잡성과 구체적인 변이들을 계급에 관한 '경제사회학'의 측면에서 살펴보자. 경제사회학적 분석 요소에는 상이한 규모, 생산 형태와 노동체제, 노동의 사회적 분업, 노동 이주, 농촌/도시 간 분리와 연결, 자본과 시장의 조직 형태, 국가 정책과 이행 및 그것의 영향이 포함된다. 분석하면 대단히 다양한 방식의 '자영농'과 임노동의 결합 가능성이 존재하기에, 소농과 노동 계급들은 상호교차하면서 그 구성과 특성은 매우 혼종적이다. 레닌 식으로 말하자면, 자영농과 임노동의 결합이나 그에 따른 노동 유형은 셀 수 없이 다양하다(Lenin, 1964a: 33).

노동 계급 간 혼종성은 계급 복잡성에서 가장 일반적인 측면이지만 적용에는 일정한 한계가 있다. 혼종성과 복잡성 기저에 깔린 보편적 측면은 어느 정도까지만 공통으로 적용될 수 있는데, 철학자 에티엔 발리바르Etienne Balibar는 이에 관해 이렇게 말했다. 자본주의 세계에서 계급관계는 "구조를 결정하고 모든 사회적 관례를 지배하지만, 단독으로 존재할 수는 없다"(Therborn, 2007: 88). 종합하자면, 자본주의 내의 사회적 관례에서 계급관계는 보편적이지만 배타적인 결정 요인은 아니다. 계급관계는 다른 사회적 차이 혹은 사회적 분화와 교차하고 연계된다. 젠더는 계급관계와 연동되는 가장 광범위한 사회적 구분이며, 그 밖에도 인종, 민족, 종교, 카스트와 같은 억압적이고 배타적인 관계도 계급과 연계될 수 있다.

이상의 사회적 차이와 분화가 자본주의에서만 유래했다고 볼 수는 없으며, 따라서 '자본의 이해관계'로만 설명하는 것도 옳지 않다. 자본주의 세계에서 존재하는 것은 무엇이든 자본의 이해에 복무하기에 존재할 수 있다고 '생각하는 것'(대단히 기능주의적 설명이다)과, [자본주의 안에] 존재하는 것들이 자본주의적 사회관계의 모순과 역동성의 효과로 생산되는 방식을 '탐구하는 것'(예컨대 자본주의 이전에 존재했던 사회적 관습이나 신념 체계가 재형성되는 방식) 사이에는 중요한 차이가 있다. 자본주의적 사회관계의 모순적 동학은 또한 의도하지 않은 효과, 즉 한편으로는 축적의 특정한 경로와 자본의 계급들에 의한 정치적 지배 전략을, 다른 한편으로는 노동의 계급들의 재생산 추구와 자본의 지배에 대한 '저항운동counter-movement'이라는 도전을 낳기도 한다.

계급관계와 동학의 경제사회학으로부터 계급 정체성과 계급의식이라는 집합적인 정치적 실천에 대한 분석으로 이동하려면, 정치 주체들에게 영향을 끼치는 일련의 결정 요인을 추가적으로 검토해야 한다.

먼저, 자본의 경제력이나 사회적 권력은 소유 제도나 상품관계를 바탕으로 하지만 특정한 정치적·이데올로기적 규범에 의해 보장받아야 하며, 이런 정치적 규범은 주로 국가(가장 일반적이지만 국가만의 역할은 아니다)에 의해 집행된다. 자본의 규범이 목적의 단순한 통합이나 수단을 통해서만 작동하리라 가정해서는 안 된다. 또한, 자본이 스스로 이데올로기적 정당성을 추구하는 방식이 도덕적 질서나 정치적 전략, 실천들과 언제나 일치하는 것도 아니다. 이윤 추구나 축적을 위해 혹은 스스로 작동의 정당성을 확보하려고 자본의 계급들이 자본주의의 사회적 모순을 인식하고, 예상하고, 평가하고, 직면하고, 내부화하는 방식에는 통일성이나 일관성이 없으며, 일관성이 있다고 해도 그 효과를 장담하기 어렵다.

둘째, 마흐무드 맘다니에 따르면, [분절화된] 노동 계급들의 정치사회학에서 핵심 이슈는 "사회적 사실을 정치적 사실로 번역하는 작업은 언제나 우연적이고 예측 불가능하다"라는 점이다 (Mamdani, 1996: 219). 무엇보다 "권력이 억압받는 자들의 **환경과 경험**을 분절화시키는 다양한 방법들" 때문에 더욱 그러하다 (Mamdani, 1996: 219, 272). 앞서 7장에서는 농촌에서의 상품화 유형과 계급 구성을 보여주면서 노동 계급이 처한 환경이 얼마나 변이가 다양한지, 다시 말해 계급의 경제사회학적 복잡성을 보여주었다. 계급의 정치사회학은 여기서 한 발 더 나아가 그러한 환경이 [농촌 노동 계급에 의해] 경험되는 방식을 검토한다. 차별적 환경이 자명하게 경험되거나 계급 착취와 억압이라는 일반화된 형태만을 취하는 것도 아니다. 오히려 차별적 환경은 피터 기번과 미첼 네오코스모스가 정리했듯이 "도시 생활자/농촌 거주자, 산업노동자/농업노동자, 도시 날품팔이/여성 농민, 남성/여성, 정신노동/육체노동, 연령차, 인종차, 지역차, 국가, 종족 등"(Gibbon and Neocosmos, 1985: 190)이 결합된 특수한 정체성의 측면에서 경험할 수 있다. 더 나아가 자본은 노동을 모집하고, 생산을 조직하며, 노동 계급의 저항에 대응할 때 일반적으로 성별, 카스트, 공간(도시와 농촌), 민족성과 국적 등의 상대적 차이를 활용하는 데 능숙하다.

바버라 해리스-화이트와 난디니 굽투가 말하는 계급의 정치사회학에서 핵심적 쟁점은 다음과 같다. "계급에 관한 투쟁은 계급 간의 투쟁에 선행하며, 계급 간 투쟁의 조건이 된다. 인도의 미조직 노동자의 세계를 지도화하면, 노동 빈곤층에 의한 계급을 둘러싼 투쟁들이 젠더, 카스트, 종교, 및 여타의 사회적 차이와 분화에 의해 왜곡되고 제약됨을 알 수 있다"(Harris-White and Gooptu, 2000: 89). 이들이 도달한 결론은 다음과 같다. 인도의 노동 계급 절대 다수는 "여전히 계급에 관한 일차적 투쟁에 붙들려" 있는 반면, 인도의 자본 계급은 노동에 대한 공세를 통해 이차적 투쟁을 진행하고 있다. 이들의 주장은 당연히 다른 곳에서도 적용과 검증이 가능하다.

농촌에서의 계급 투쟁

남반부 농촌에서 농기업이나 국가적·지역적 수준의 지주 계급 등 농업자본이라는 정치적 주체와 다양한 소농 계급과 잘게 분화된 노동 계급을 포함하는 정치적 주체 간 투쟁이 널리 번지고 있다는 사실에는 의심의 여지가 없다. 대부분의 투쟁이 일반적으로 계급 역동성에 의해(독점적 요인은 아님) 형성되지만, 앞에서 강조했듯이 구조적 원천이나 다른 사회적 모순에 관한 경험에 의해 투쟁의 양상은 보다 복잡해진다. 이런 투쟁이 다른 규모, 다른 주체에는 어떻게 적용될 수 있을까?

6장에서 언급했던 '일상적 형태의 저항'이라는 개념은 규모의 측면에서, 마을 같은 지역적 상황에 적용될 수 있다. 벤 커크블럿은 "일상적 삶은 우연적 폭발로 실체가 드러나는 계급 투쟁으로 가득차 있다"(Kerkvliet, 2009: 233)라면서 제임스 스콧의 접근법이 여전히 유효하다는 점을 강조했다. 하지만 그러한 일상적인 '계급 투쟁'은 일반적으로 다른 형태의 위계 구조와 결합되거나 그 위계 구조 안에서 고착된 억압으로 경험된다. 예를 들어, 일부 학자는 스콧의 《약자의 무기》를 몰성적gender-blind이라고 비판한다.

그의 책이 불평등한 젠더관계나 여성 농민과 농장 노동자 간 행위 주체성을 무시한다고 평가하는 것이다(Hart, 1991).

좀 더 넓은 지역 규모에서는 종종 일상적 저항의 형태보다 훨씬 노골적이고 격렬한 투쟁이 벌어지곤 한다. 사하라 이남 아프리카에서 토지를 둘러싸고 펼쳐진 광범위한 갈등이 대표적이다. 인류학자 폴린 피터스는 계급 역동성과 계급 이외의 사회적 역동성을 구분하여 설명하면서 또한 양자가 상호 결합되는 방식을 다음과 같이 말했다.

인구 증가, 더 나은 토지를 찾는 사람들의 이동, 내전에 의한 난민화 등으로 인해 상이한 토지 용도를 둘러싼 경쟁이 증가하고 있다. 상품이나 식량 생산의 집약화와 압력의 증대로, 더 적은 소득으로 살아가야 하는 사람들은 먹거리와 다른 소득원을 찾아 한계지로 밀려난다. 국가는 숲과 보호구역을 관리하고 보전할 가치가 있는 지역을 규정한다(종종 이런 작업은 공여국이나 국제 로비 그룹의 압력에 따라 이루어진다). 공무원이나 정치인은 낯선 방식에서 불법까지 갖은 수단을 동원해 토지를 획득한다. 땅 위든 땅속이든 팔아먹을 만한 자원(목재, 석유, 금, 기타 광물)이 발견되면 수많은 지역민(직업이 없는 젊은이나 현금을 벌 궁리를 하는 노련한 농부)에서부터 국제적 네트워크(다국적 기업, 외국정부, 아프리카 내의 공무원 등)에 이르기까지 탐사와 채취를 강화한다. … 토지를 둘러싼 경쟁만 강화되는 것이 아니라 사회적 차별화도 심화된다. 차별과 분화는 장년 대 청년, 여성 대 남성, 혹은 종족이나 종교 간 적대의 형태를 띠고 있지만, 경쟁 강화에 따른 분화는 새로운 사회적 구분의 등장, 즉 계급 구성 과정으로 볼 수 있다. … 세대 간, 성별 간 혹은 상이한 지역, 종족, 종교의 꼬리표를 단 집단들 간의 급증하는 긴장과 투쟁은 기본적으로 계급 형성을 이루는 분화, 배제, 동맹, 포섭의 역동성과 강하게 결합되어 있다(Peters, 2004: 279, 291, 305).

오늘날 사하라 이남 아프리카에서 발생하는 심각하고 잔인한 전쟁의 참상은(국제 언론은 이 문제를 주로 아프리카의 내재적인 부족 중심주의나 야만주의의 사례로 묘사하지만) 오래된 토지에 대한 압력과 투쟁의 역사에서 기인한다. 이런 갈등은 먼저 식민주의의 정치적 유산이나 토지 행정에 의해 굴절되었고, 그 위에 자연 자원의 과잉개발, 기후 변화, 국제 정치 집단에 의한 선택적 개입에 의해 심화되었다. 관련된 연구는 수없이 많다. 르완다와 콩고민주공화국(Potter, 2002), 시에라리온과 코트디부아르(Chauveau and Richards, 2008), 다르푸르(Mamdani, 2009) 등의 사례를 살펴보라. 아프리카의 내전은 "지역, 종족, 종교 집단 사이"에서 벌어지고 있지만, "비가시적이고 예상치 못한 결합 형태의" 계급 동학에 따른 투쟁이기도 하다(Peters, 1994: 210).

임노동자의 고용, 노동 통제, 임금 지급과 관련한 지역화된 갈등은 보다 명시적으로 '계급'의 문제를 드러낸다. 자본주의적으로 운영되는 플랜테이션이나 대농장에서 노동자와 고용인 간의 갈등이 대표적이다. 인도의 '소농 자본주의'가 활성화된 지역은 부농, 중농, 그리고 체계적인 폭력에 종속된 노동자 간의 공공연한 갈등도 또 다른 사례가 될 수 있다(Banaji, 1990). 두 사례 모두에서 계급 동학이 다른 사회적 차별, 예컨대 인도 농촌에서 공공연한 카스트 구분이나 젠더 구분, 종족별 고용(플랜테이션의 노동체제로 자주 사용되는 의도적 전략이다)과 결합될 때 농촌 계급 투쟁은 더욱 격렬해진다.

땅의 사람들

결론적으로, 나는 계급을 비롯해 그 형태에 영향을 끼치는 다양한 조건과의 관계 안에서 오늘날 지역적, 국가적, 혹은 초국적 규모에서 이루어지는 조직화된 농민운동을 탐구하고자 했다. 주위 환경과 방법은 달라졌더라도 최소한 규모와 영향력 면에서, 아마 목적은 좀 상이하겠지만, 오늘날의 조직화된 농민운동을 과거의 위대한 농민운동(6장 참고)의 계승으로 볼 수 있을까? 에릭 울프가 연구한 "20세기 농민전쟁"은 봉건제에서 기인하는 앙시앙레짐(구체제)에 직접 대항하는 것이었다. 러시아와 중국 사례가 그러했고 멕시코, 베트남, 알제리, 쿠바 사례는 식민주의적 기원을 지니지만, 이 모든 농민전쟁은 자본주의적 세계경제에 포섭되면서 벌어진 불균등한 변화와 관련이 깊다(3장 참고). 당시 농민운동은 토지, 지대, 세금, 궁핍화, 극한의 억압과 사회 부정의 같은 이슈에 의해 활성화되었고, 종종 일반적인 사회 봉기나 전쟁의 조건에서 발화되었다. 농민운동은 더 넓은 차원의 민족해방운동이나 사회혁명의 일부였으며, 게릴라전이나 다른 직접적인 전투를 통해 이루어졌다. 역사적, 지역적 특수성에 따라 농민운동에 참여하는 계급 구성은 차별적인 형태를 취하곤 했다. 예를 들어, 에릭 울프가 강조했던 과거 농민운동에서 '중농'의 전략적 역할은 특징적이면서도 많은 논란을 불러일으키고 있다.

오늘날 신자유주의적 지구화의 시대에는 새로운 유형의 농민운동이 존재한다. 이를 지지하는 집단은 남반부의 소농(데스마레이즈[Desmarais, 2007: 6]는 모든 소규모 및 중규모의 농민을 함께 아우른다)과 북반부의 '가족농'을 포괄적인 '땅의 사람들'로 아우르려는 열망을 드러낸다. 이러한 정치적 프로젝트는 **"모든 곳에서 농민층의 희생을 요구하며 전 세계적으로 발생하는 농업의 기업화"**(McMichael, 2006: 473)에 대한 집단적 저항을 지지하며, "지구적인 농민저항의 활성화로 지구적 자산인 농촌의 문화·생태학적 가치의 재평가"와 "농민의 길의 보전과 재선언을 위해 분투하는 농민의 대항운동"을 지지한다. '농민의 길'을 의미하는 비아캄페시나La Via Campesina는 가장 잘 알려진 농민운동을 대표하는 이름이다. 지구적 '농민대항운동'이 실제로 존재하는지, 존재한다면 그 영향은 어느 정도인지 여기서는 다루지 않겠다.* 나는 그저 필립 맥마이클로 대표되는, 모든 '땅의 사람들'을 하나의 단일체로 묶으려는 열망, 결과적으로 농기업 자본에 의해 착취당하는 하나의 단일 계급화하려는 시도를 언급하는 선에서 멈출 것이다. 이런 열망은 긴 역사적 전통을 지닌 농민 인민주의의 비전을 좀 더 다듬어서 오늘날의 신자유주의적 지구화의 조건 안에서 확장하려 한다. 하지만 [나는] '땅의 사람들'이라는 단일체를 전제할 수 없다[고 주장한다]. 지역이나 국가적 차원에서의 농민운동은 농업 변동의 특수한 과정이나 상이한 농촌 계급들이 처한 환경에 따라(경제사회학적 측면), 그리고 투쟁의 특수한 역사, 경험, 문화에 따라(정치사회학적 측면) 다양하고 혼종적으로 구성된다. 다음의 예를 살펴보자.

브라질에는 여전히 경작되지 않았으나 사적인 토지 소유 체계에는 포섭된 광범위한 영토가 존재하며 토지 재분배를 동반하는 중요한 토지개혁이 일어난 적이 없다. 이곳에서 MST(무토지농업노동자운동)의 활동에 의해 '토지 문제'가 중요한 국가적 정치 의

* 에델만의 연구(Edelman, 2003)에는 그런 운동을 설명하는 유용한 조사가 포함되어 있다.

제로 부상했다. MST는 주인은 있으나 사용되지 않는 토지를 무단 점거한 후 스스로를 위한 농장과 주거지를 건설한다. 이들은 농지를 그곳에서 일하는 사람들을 위한 공유재로 만들자는 명백하게 반反자본주의적 이데올로기를 내세운다(서론과 2, 3장 참고). 하지만 동시에 인프라의 건설과 새로운 [소규모] 농기업의 설립 자금을 얻기 위해 정부 관계자들과 밀접하게 접촉하기도 한다. MST의 정치적 기원, 경로, 문화에는 1960년대 군사독재에 억압받던 구舊 '농민연맹'에 대한 기억, 일부 신부와 교회 활동가들 사이에 널리 퍼졌던 급진적인 '사회주의적 성향'의 가톨릭 전통, 노동당(현재는 브라질 국민정부의 집권 여당)과의 지역 연대가 복잡하게 포함되어 있다. MST는 브라질 농촌 전역에서 온 다양한 사회적 기반을 지닌 모든 조직원의 통합을 위해 계급 담론을 적극 차용한다. 조직원에는 북동부의 설탕 지대에서 일하던 플랜테이션 노동자에서부터 남부의 소농까지 포함된다. 경험이 다양한 만큼 기대도 다르며, 상이한 기대는 MST 정착지에서 주민 공동체의 조직이나 개별 가구의 생계, 단순상품생산 방식에도 영향을 끼친다. 따라서 MST의 지도자나 농민운동의 이론가들이 주장하는 집합적 이상에서도 분화가 발생한다(Wolford, 2003).

국가적 차원의 운동인 MST의 사례가 플랜테이션 노동자 집단과 소농 집단 간 차이를 보여주었다면, 인도의 일부 주에서 광범위하게 벌이지고 있는 '새로운 농민운동'에서는 계급 구분과 차이가 좀 더 드러난다. 비아캄페시나 국제 네트워크 조직의 일원인 '카르나타카주 농민연합Karnataka State Farmers' Association, KRRS'은 유전자변형 목화 종자에 대한 저항으로 국제사회의 주목을 받았다. 하지만 KRRS의 운영 주체는 부농과 중농으로, 이들은 종종 노동 계층을 억압하거나 화학비료에 대한 보조금을 얻기 위한 캠페인에 참여하기도 한다. 따라서 지구적 농민저항의 한 사례로 KRRS에게 주어진 사회적·생태적 신뢰는 그리 간단치 않으며, 다른 주장들의 뒷받침을 필요로 한다.

흥미롭게도, 인도에서 '새로운 농민운동'의 개념은 명시적으로 '땅의 사람들'의 안티테제로 '도시의 사람들'을 지목한다. 이는 농민 문제의 원인을 '도시적 편향'에서 찾으려는 강력한 인민주의적 전통에 기댄 시각이다. 인도의 정책은 ('저렴한 식량' 공급으로) 농민을 희생시켜 일반적인 도시 산업과 도시 인구에게 우호적인 입장을 취한다. 따라서 이 운동의 요구는 농산품과 공산품 간의 교역 조건 이슈에 집중하는 경향이 있다(4, 6장 참고). 이들은 가격이나 농민에게 주어지는 보조금에 집착하는 경향이 있고, 이런 관점에서 그들의 태도는 유럽연합이나 미국의 농민 조직이나 농민 로비 조직과 유사하다. 따라서 선진국 농민 조직에게 주어지는 비판, 즉 부농의 이해관계에 지배되는 운동이라는 비판도 가능하다.

결론

《지구화에 저항하는 초국가적 농업운동Transnational agrarian Movements Confronting Globalization》(Borras et al., 2008)이라는 중요한 공동 저작물의 서론에서 모든 "농민의 대항운동"에 적용하려고 내가 제시했던 5개의 주요 질문으로 이 책을 마무리하려고 한다.

1. 농민운동의 등장 여부를 결정하는 농업 구조의 특성은 무엇인가?

2. 농업운동의 사회적 기반은 무엇인가? 사회 계급과 집단이 스스로를 옹호하기 내세우는 주장은 무엇인가? 그런 주장은 어떻게 설득력을 가질 수 있는가?

3. 운동이 제기하는 쟁점이나 요구는 무엇인가? 그런 요구들은 어디서 비롯된 것이며, 그런 요구를 선도하거나 제약하는 사회적 · 정치적 영향은 무엇인가?

4. 어떤 쟁점이 농업운동을 단결시키거나 분열시키는가? 왜 그러한가?

5. 농민운동의 실천들은 그들이 도전하는 농업 구조의 변화에 얼마나 효과적이며, 누구에게 도움이 되는가? 왜 어떤 운동들은 다른 운동보다 효과적인가?

이상의 질문에, 나는 이 책의 도입부에서 밝힌 '큰 그림'과 관련한 또 다른 질문을 덧붙이고자 한다. 농민의 '대항운동'에 대한 강조와 '저투입 소규모 가족농'(재소농화)으로 돌아가자는 주장은 과거 소농이 세계 먹거리의 주요 생산자였던 시기보다 수십 배는 더 많아진 세계 인구를 (특히 도시 인구가 농촌 인구를 추월한 상황에서) 먹여 살리기에 과연 타당한가?

이 책은 농업 변동의 과정 안에서 계급 동학의 복잡성을 분석하기 위해 오늘날 자본주의 농업 세계의 현실적 복잡성을 드러내려는 시도로 귀결되었다. 그 세계는 시카고 선물 거래소, 초국적 농기업의 중역실, 소농 자본주의의 영역에서 벌어지는 역동적인 계급 분화, 그리고 서론에서 사례로 보여준 가난한 농민과 농업노동자까지 확장되어야 한다. 이런 복잡성은 그 자체로 세계 곳곳의 지역에서부터 지구적 수준까지 다양한 규모에서 농업 변동에 대한 진보적 정치를 만들어내고 지탱하려는 수많은 활동가가 실천에서 직면하는 실질적인 도전 과제다. 따라서 영웅 대 악당, 좋은 사람 대 나쁜 사람이라는 슬로건은 즉각적으로는 매력적이지만 충분하지 못하다. 행동주의적 운동은 그들이 변혁하고자 하는 사회의 현실적인 복잡성과 모순을 효과적으로 분석할 필요가 있다. 자본주의 세계에서 계급 동학에 관한 이해는 그와 같은 분석의 출발점이자 핵심 요소다.

용어 해설

※이 용어 해설집에서 상호참조된 용어들은 목록 내에서 이탤릭체로 표시했다.

가사노동domestic labour 사회적 재생산과 가계 유지에 필수적인 조리, 육아 등의 행위들. 일차적으로 젠더관계에 의해 구조화된다.

가족농family farmer 가장 엄격하게는 가족노동만 사용하는 농가만 해당되며, 때로는 가족이 소유하며, 그리고/또는 가족이 운영하지만 가족노동이 일하지 않는 농가도 해당된다.

계급class 생산자 계급(노동)과 비생산자 계급 간 생산의 사회적 관계; *착취exploitation* 참조.

공유재산권common property rights 토지 및 수자원, 목초지, 숲과 같은 자원에 대한 권리가 인정받은 집단에 의해 공동으로 소유되는 양식. 집단의 구성원은 그러한 자원에 대한 *사용권*을 공유한다.

과잉생산overproduction 자본주의적 경쟁과 축적의 내재적 경향으로, 다 팔려서 평균이윤율 실현에 이용되는 것보다 더 많이 생산되는 경향. 그러므로 생산에 투자된 자본의 탈가치화로 귀결된다.

국제식량체제international food regime 1870년대 이후의 세계 자본주의 농업에서의 노동과 무역의 국제분업을 규정하는 관계, 규칙, 관습의 체제.

금융화financialization 금융 또는 화폐자본이 다른 형태의 자본(산업, 상업, 기타)에 비해 지배적인 것이 되는 과정. 현대 세계화의 특징적 경향으로 간주되며, 2008년 이후 금융위기로 드러났다.

노동력labour power 일할 능력. 노동자가 소유하고 있는 원천적인, 유일한 상품으로, 그들의 재생산수단은 구매를 위해 임금과 교환, 판매되며, 자본주의 생산양식에서 핵심적이다.

노동 생산성labour productivity 주어진 노력의 지출 수준에서 어떤 사람이 생산할 수 있는 재화(또는 서비스)의 양. 일반적으로 노동 시간의 범주에서 측정·계산된다.

노동의 기술적 조건technical division of labour 한 공장 또는 한 농가 같은 단일 생산 단위에서 노동자들이 수행한 노동*과정*과 다른 과제들의 결합.

노동의 사회적 분업social division of labour 1) 상대적으로 다른 종류의 재화와 서비스의 생산에 특화한 생산자들 간의 사회적 관계, 그들의 행위는 보완적이다. 2) 사람들의 행위의 범주가 특정한 사회적 관계의 구조(자본과 노동의 계급관계, 젠더관계) 안에서의 지위에 따라 결정된다.

노동체제labour regime 생산에서 노동을 동원·고용하고, 조직하는 서로 다른 양식.

농산업agribusiness 농업에 투자한 (전 세계적 규모를 포함한) 다양한 규모의 기업. 농투입재기업과 농식품기업*agri-input and agro-food corporations* 참조.

농식품기업agro-food corporations 영농의 하류에 투자한 농기업.

농업/농업 분야agriculture/agricultural sector 현대 *자본주의*에서 영농 및 영농에 관련된 경제적 이해관계의 총체. 혹은 이를 위한 전문화된 기구나 실천들. 농민의 행동과 *재생산*에 영향을 미치는 영농의 *상류*과 *하류*.

농업자본agrarian capital 이윤 실현을 위해 영농에 투자된 자본.

농투입재기업agri-input corporations 영농의 *상류*에 투자한 농기업.

단순상품생산/생산자petty commodity production/producers 자본주의에서의 소규모 상품 생산. 자본가 계급과 노동자 계급의 공간이 결합되어 있으며, 가계이든 또는 개인이든 상관없다. 계급 분화의 대상이다.

단순 재생산simple reproduction 생산과 소비의 수준이 동일한 재생산. 축적 없는 재생산.

단순 재생산 압박simple reproduction 'squeeze' 단순상품생산자, 생계의 상품화와 연관된 자본과 노동 모두의 재생산에 대한 압력의 과정. 자주 탈소농화로 이어진다.

단위수확량yield 토지 생산성의 측정 도구. 주어진 토지 면적에서 수확할 수 있는 작물의 양.

단작monoculture 단일한 작물이 재배되는 넓은 영역. 다변화된 경작 시스템에 대비된다.

반⁺프롤레타리아화semi-proletarianization 토지 또는 생계수단을 완전히 탈취당하지는 않은 채 노동 계급들이 형성되는 과정. 대표적으로 이주노동 체제와 소규모 자영으로 생계를 꾸려가는 상황.

본원적 축적primitive accumulation 마르크스에게는 자본주의의 핵심적 계급을 창조하는 역사적 과정. 다른 이들에게는 성립된 자본주의에서도 지속되며, 자주 경제 외적 강제 메커니즘에 의존하며, 특히 토지, 산림, 수자원 등의 인클로저와 관련된 것이다.

봉건제feudalism 봉건적 토지 소유 계급들이 농민 생산자로부터 지대 형태로 잉여생산물을 전유하는 생산양식; *지대 재원* 참조.

사용권usufruct rights 농민들이 공유재산으로 간주되는 경작을 위한 토지, 목초지, 산림, 수자원 등에 접근할 수 있는 권리.

상류upstream 농사일의 시작 전에 영농의 조건을 확보하는 데 필수적인 모든 행위들. 토지에 대한 접근, 노동, 노동 수단, 상품화, 신용.

상품사슬commodity chains 상품의 생산과 최종 소비를 연결하는 모든 행위; 농상품의 경우 농민의 들판에서부터 소비자의 식탁까지 이어지는 여정과 그 여정을 조직하는 행위자들, 기관들, 관계와 관례들.

상품화commodification 시장 교환을 위해 생산 및 재생산 요소를 만들어내고 취득하는 과정으로, 특유의 훈육과 강압에 종속된다. 자본주의는 일반 상품 생산을 위한 하나의 특징적 체계다.

생계subsistence 기본적으로 단순재생산의 조건을 충족시키는 데 사용되는 것을 의미한다. 농민의 경우 가족농 또는 소농이 보통 자가 소비를 위해 생산하는 먹거리와 특별한 연관이 있다. *생계의 상품화* 참조.

생계의 상품화commodification of subsistence 독립적인 소농의 생계에서 주요 요소와 재생산이 시장 교환과 시장의 압박에 종속당하는 과정.

생물해적질biopiracy 농투입재기업이 유전자변형 물질에서의 사적인 '지적 재산권'을 특허로 인정받고자 하는 것에 대한 비판자들의 명명.

생산production 노동이 인류의 조건을 충족시키기 위해 자연을 변화시키는 데 사용되는 과정.

생산력productive forces 기술과 기술문화. 생산하고, 운반하며 혁신하는 것에 대한 의사결정을 스스로 조직할 수 있는 민중의 능력을 포함하며, 그 모든 것은 생산의 사회적 조건에 의해 형성된다.

생산성productivity 주어진 자원 사용 수준에서 얼마나 많이 생산하는가의 정도. *에너지 회계, 노동 생산성, 수확량* 참조.

생산의 기술적 조건technical conditions of production 노동과정에서 조직된 생산력의 특정한 조합. 노동의 기술적 조건을 포함한다.

생산의 사회적 조건social conditions of production 생산과 재생산 행위를 형성하는 모든 사회적 관계, 제도와 관습. 생산의 기술적 조건과 생산력을 포함한다.

생태발자국ecological footprint 주어진 기술 유형으로, 1) 인류가 소비한 자원을 회복하고 2) 소비로 발생한 폐기물을 [환경에] 무해하게 만들어 흡수하기 위해 필요한 생물학적으로 소요되는 토지, 해양, 에너지의 총량.

세대 재생산generational reproduction 다음 세대를 출산, 양육하는 행위, 일반적으로 젠더관계에 의해 구조화된다.

소규모 농민small farmer 일반적으로 가족노동의 유용성으로 규정되는 농가 규모를 가진 농민, 때때로 생계 또는 단순 재생산에 머물러 있는 농민을 가리킨다. 소농의 범주에 속하더라도 농가 규모와 영농 유형은 다양할 수 있다.

소농peasant 광범위하게, 그리고 자주 느슨하게, 전 자본주의 농업 문명에서부터 오늘날의 자본주의, 특히 남반부의 서로 다른 역사적 조건과 시기의 생계지향적 소규모 농민 또는 가족농을 묘사하는 데 사용된다.

소비 재원consumption fund 세대 재생산을 포함하여 생산자와 그들의 가족의 기본적 필요와 식량을 충족시키는 데 필요한 생산물과 소득의 일부.

소작sharecropping 지주에게 토지 및 노동 수단을 빌리거나 제공받아 농사를 지은 후 수확 작물의 일부를 되돌려주는 농업 관행.

신자유주의neoliberalism 시장과 자본주의의 주요 행위자들의 이해관계에서 '국가를 후퇴'시키는 정치적, 이데올로기적 프로그램.

에너지 생산성energy productivity 주어진 에너지 또는 칼로리 가치의 작물량을 생산하는 데 소진하는 에너지(칼로리) 단위.

의례 재원ceremonial fund 농촌 공동체에서 기념하는 집합적 행위(예를 들어 수확, 종교 행사, 결혼과 죽음 같은 통과의례)를 위해 사용되는 잉여생산물.

인클로저enclosure 공유재산권으로 간주되는 토지와 다른 자원들에 대한 사유화 과정. 그 과정이 사실상(관습적으로) 또는 법에 따라(합법적 절차로) 일어나는가에 상관없다. 토착 시장 참조.

잉여가치surplus value 자본주의에서 잉여노동의 특정한 형태. *잉여생산물* 참조.

잉여생산물surplus product 생산자의 단순 재생산의 필요를 넘어서 생산된 것으로, 따라서 생산자의 잉여노동의 결과물이다. 다른 계급에 의해 전유된 것들은 착취의 기반이 된다.

자본주의capitalism 세계적 규모로 수립된 과거와 구분되는 사회 경제 체계로, 자본과 노동 간의 *계급관계*에 기반을 둔다.

재생산reproduction 현재 생산하거나 획득한 결과물에서 미래 생산과 삶의 조건을 확보하는 것.

재소농화repeasantization *한계 농민, 반프롤레타리아, 프롤레타리아*들이 스스로 *재생산*의 주요 요소로 다시 영농을 택하게 되는 과정.

제국주의imperialism 전통적으로 제국주의 국가에 의한 다른 사회와 나라들의 민중과 영토에 대한 지배체제. 레닌에게는 가장 발전된 자본주의 나라에 의해 지배되는 자본주의의 최후 단계이며, 직접적 식민지 지배를 필요로 하는 것은 아니다.

젠더gender 남성과 여성 간의 관계. 재산, 노동, 소득의 분할은 일반적으로 불평등한 젠더관계에 의해 구조화된다. *가사노동, 세대 재생산, 노동의 사회적 분업* 참조.

중상주의mercantilism 무역에 대한 정치적 규제체제. 상업적이라는 형용사는 그런 체제에 대한 것이거나 좀 더 일반적으로는 무역과 상거래 행위들과 그것들에 특화된 것(상업자본)을 나타낸다.

지구화globalization 현재 국면의 세계 자본주의, 특히 1970년대부터 많은 토론과 검토가 있었고, 크게 규제되지 않는 국제 자본 시장과 금융화, 신자유주의 정치 프로젝트에 의해 특징지어진다.

지대 재원fund of rent 잉여생산물 중 농민이나 소농이 지주, 화폐대부자, 상인에게 지불해야만 하는 일부.

진입 비용entry costs 소규모 영농을 포함하여 기업을 설립하는 데 필요한 비용의 종류와 규모.

차별화differentiation 계급 범주에서 단순상품생산자들이 자본가 계급과 노동자 계급으로 분화되는 경향; 젠더관계나 그 밖의 사회적 동학에 의해 차별화 양상이 격렬해진다.

착취exploitation 비생산자(지배) 계급에 의한 생산자 계급의 잉여생산물 전유

축적accumulation 더 많은 이윤을 위한 생산(또는 무역이나 금융)에 투자하기 위한 이윤의 누적; 확대 재생산*expanded reproduction* 참조.

탈농depeasantization 농민이 스스로 농민으로서 재생산할 수 있는 수단에 대한 접근권을 잃는 과정; *본원적 축적, 프롤레타리아화, 단순 재생산 압박* 참조.

토지기반 소유권landed property 토지의 효율적 통제에 기반을 둔 계급. 봉건제와 같은 전 자본주의적 조건하에서든 또는 상품화된 토지에 대한 사적 소유권이 있는 자본주의에서든 상관없다.

토지 생산성land productivity *수확* 참조.

토착 시장vernacular markets 상품인 재화와 서비스가 관습에 따라 거래되는 시장. 합법적으로 보장된 사적 소유권이 부재하거나, 약하거나, 모호하거나, 도전받는 곳이다.

프롤레타리아화proletarinization 독립적이었던 농민이나 장인 등에서 노동 계급들이 형성되는 과정. *생계의 상품화, 노동력, 본원적 축적* 참조.

하류downstream 농가를 떠난 이후 농산품과 관련된 모든 행위. 마케팅, 가공, 도매, 소매 등.

한계 농민marginal farmers 그들의 재생산 필요의 주요한 부분을 그들 자신의 영농으로 충족하지 않는 농민. 노동의 계급들의 주요한 요소. *반프롤레타리아화* 참조.

확대 재생산expanded reproduction 자본 축적의 또 다른 명칭. 더 많은 이윤을 위한 생산 규모의 팽창에 대한 투자, *단순 재생산*과 대조된다.

참고문헌

Albritton, R. 2009. *Let Them Eat Junk: How Capitalism Creates Hunger and Obesity*. London: Pluto Press.

Amin, S. 1976. *Unequal Development: An Essay on the Social Formations of Peripheral Capitalism*. Hassocks: Harvester Press.

_____. 2003. "World Poverty, Pauperization and Capital Accumulation." *Monthly Review* 55, 5.

Araghi, F. 2009. "The Invisible Hand and the Visible Foot: Peasants, Dispossession and Globalization." In A.H. Akram-Lodhi and C.Kay (eds.), *Peasants and Globalization. Political Economy, Rural Transformation and the Agrarian Question*. London: Routledge.

Arrighi, G. 1994. *The Long Twentieth: Money, Power and the Origins of Our Times*. London: Verso.

Arrighi, G., and J.W. Moore. 2001 "Capitalist Development in World Historical Perspective." In R. Albritton, M. Itoh, R. Westra and A. Zuege (eds.), *Phases of Capitalist Development, Booms, Crises and Globalizations*. London: Palgrave.

Bagchi, A.K. 2009. "Nineteenth Century Imperialism and Structural Transformation in Colonized Countries." In A.H. Akram-Lodhi and C. Kay (eds.), *Peasants and Globalization, Political Economy, Rural Transformation and the Agrarian Question*. London: Routledge.

Banaji, J. 1990. "Illusions about the Peasantry: Karl Kautsky and the Agrarian Question." *Journal of Peasant Studies* 17, 2.

_____. 1997. "Modernizing the Historiography of Rural Labour: An Unwritten Agenda." In M. Bentley (ed.), *Companion to Historiography*. London: Routledge.

_____. 2002. "The Metamorphoses of Agrarian Capitalism." *Journal of Agrarian Change* 2, 1.

_____. 2007. "Islam, the Mediterranean and the Rise of Capitalism." *Historical Materialism* 15, 1.

_____. 2010. *Theory as History: Essays on Modes of Production and Exploitation*. Leiden: Brill.

Baker, J. 1989. *Rural Communities in Distress. Peasant Farmers and the State in Africa*. Cambridge University Press.

Bauer, A.J. 1979. "Rural Workers in Spanish America: Problems of Peonage and Oppression." *Hispanic American Historical Review* 59, 1.

Bello, W. 2009. *The Food Wars*. London: Verso.

Bernstein, H. 1981. "Notes on State and Peasantry." *Review of African Political Economy* 21.

Bharadwaj, K. 1985. "A View of Commercialisation in Indian Agriculture and the Development of Capitalism." *Journal of Peasant Studies* 12, 4.

Borras, S.M., M. Edelman and C. Kay. 2008. "Transnational Agrarian Movements: Origins and Politics, Campaigns and Impact." In S.M. Borras, M. Edelman and C. Kay (eds.), *Transnational Agrarian Movements Confronting Globalization*. Special issue of *Journal of Agrarian Change* 8, 1-2.

Bray, F. 1986. *The Rice Economies. Technology and Development in Asian Societies*. Oxford: Basil Blackwell.

Breman, J. 1996. *Footloose Labour. Working in India's Informal Economy*. Cambridge: Cambridge University Press.

Brenner, R.P. 2001. "The Low Countries in the Transition to Capitalism." *Journal of Agrarian Change* 1, 2.

Bryceson, D. 1999. "African Rural Labour, Income Diversification and Livelihood Approaches: A Long-term Development Perspective." *Review of African Political Economy* 80.

Burch, D. 2003. "Production, Consumption and Trade in Poultry." In N. Fold and B. Pritchard (eds.), *Cross-continental Food Chains*. London: Routledge.

Byres T.J. 1981. "The New Technology, Class Formation and Class Action in the Indian Countryside." *Journal of Peasant Studies* 8, 4.

_____. 1991. "The Agrarian Question and Differing Forms of Capitalist Transition: An Essay with Reference to Asia." In J. Breman and S. Mundle (eds.), *Rural Transformation in Asia*. Delhi: Oxford University Press.

_____. 1996. *Capitalism From Above and Capitalism From Below: An Essay in Comparative Political Economy*. London: Macmillan.

Chauveau, J-P, and P. Richards. 2008. "West African Insurgencies in Agrarian Perspective: Côte d'Ivoire and Sierra Leone Compared." *Journal of Agrarian Change* 8, 4.

Chayanov, A.V. 1966[1925]. *The Theory of Peasant Economy*. D. Thorner, B. Kerblay and R.E.F. Smith (eds.). Homewood, IL: Richard Irwin for the American Economic Association.

_____. 1991[1927]. *The Theory of Peasant Co-operatives*. London: I.B. Tauris.

Chimhowu, A., and P. Woodhouse. 2007. "Customary vs Private Property Rights? Dynamics and Trajectories of Vernacular Land Markets in Sub-Saharan Africa?" *Journal of Agrarian Change* 6, 3.

Chonchol, J. 1970. "Eight Fundamental Conditions of Agrarian Reform in Latin America." In R. Stavenhagen (ed.), *Agrarian Problems and Peasant Movements in Latin America*. New York: Doubleday.

Cordell, D., J.W. Gregory and V. Piché. 1996. *Hoe and Wage: A Social History of a Circular Migration System in West Africa*. Boulder, CO: Westview Press.

Cowen, M.P., and R.W. Shenton. 1991a. "The Origin and Course of Fabian Colonialism in Africa." *Journal of Historical Sociology* 4, 2.

_____. 1991b. "Bankers, Peasants and Land in British West Africa, 1905–1937" *Journal of Peasant Studies* 19, 1.

Cronon, W. 1991. *Nature's Metropolis. Chicago and the Great West*. New York: W.W. Norton.

Crosby, A.W. 1986. *Ecological Imperialism: The Biological Expansion of Europe 900-1900*. Cambridge: Cambridge University Press.

Daviron, B. 2002. "Small Farm Production and the Standardization of Tropical Products." *Journal of Agrarian Change* 2, 2.

Davis, M. 2001. *Late Victorian Holocausts. El Niñ(ñ?)o Famines and the Making of the Third World*. London: Verso.

_____. 2006. *Planet of Slums*. London: Verso.

Desmarais, A.A. 2007. *La Vía Campesina: Globalization and the Power of Peasants*. Halifax: Fernwood Publishing.

Djurfeldt, G. 1981. "What Happened to the Agrarian Bourgeoisie and Rural Proletariat Under Monopoly Capitalism? Some Hypotheses Derived from the Classics of Marxism oh the Agrarian Question." *Acta Sociologica* 24, 3.

Duncan, C.A.M. 1996. *The Centrality of Agriculture. Between Humanity and the Rest of Nature*. Montreal: McGill-Queen's University Press.

Edelman, M. 1999. *Peasants Against Globalization: Rural Social Movements in Costa Rica*. Stanford University Press.

_____. 2003. "Transnational Peasant and Farmer Movements and Networks." In M. Kaldor, H. Anheier and M. Glasius (eds.), *Global Civil Society Yearbook 2003*. London: Sage.

Ellis, F. 1999. "Household Strategies and Rural Livelihood Diversification." *Journal of Development Studies* 35, 1.

Francks, P. 2006. *Rural Economic Development in Japan from the Nineteenth Century to the Pacific War*. London: Routledge.

Frank, A.G. 1967. *Capitalism and Underdevelopment in Latin America*. New York: Monthly Review Press.

Friedmann, H. 1900. "The Origins of Third World Food Dependence." In H. Bernstein, B. Crow, M. Mackintosh and C. Martin (eds.), *The Food Question*. London: Earthscan and New York: Monthly Review Press.

_____. 1993. "The Political Economy of Food: A Global Crisis." *New Left Review* 197.

_____. 2004. "Feeling the Empire: The Pathologies of Globalized Agriculture." In L. Panitch and C. Leys (eds.), *The Socialist Register 2005*. London: Merlin Press.

_____. 2006. "Focusing on Agriculture: A Comment on Henry Bernstein's 'Is There an Agrarian Question in the 21st Century?'" *Canadian Journal of Development Studies* 27, 4.

Friedmann, H., and P. McMichael. 1989. "Agriculture and the State System: The Rise and Decline of National Agriculture, 1870 to the Present." *Sociologica Ruralis* 29, 2.

Gibbon, P. and M. Neocosmos. 1985. "Some Problems in the Political Economy of 'African Socialism'." In H. Bernstein and B.K. Campbell (eds.), *Contradictions of Accumulation in Africa: Studies in Economy and State*. Beverly Hills, CA: Sage.

Gilsenan, M. 1982. *Recognizing Islam*. London: Croom Helm.

Goody, J. 2004. *Capitalism and Modernity: The Great Debate*. Cambridge: Polity Press.

Grigg, D.B. 1974. *The Agrarian Systems of the World: An Evolutionary Approach*. Cambridge: Cambridge University Press.

Harris, J. 1987. "Capitalism and Peasant Production the Green Revolution in India." In T. Shanin (ed.), *Peasants and Peasant Societies*. Second edition. Oxford: Blackwell.

Harris-White, B., and N.. Gooptu. 2000. "Mapping Indian's World of Unorganized Labour." In L. Panitch and C. Leys (eds.), *The Socialist Register 2001*. London: Merlin Press.

Hart, G. 1991. "Engendering Everyday Resistance: Gender, Patronage and Production Politics in Rural Malaysia." *Journal of Peasant Studies* 19, 1.
_____. 1994. "The Dynamics of Diversification in an Asian Rice Region." In B. Koppel, J.N. Hawkins and W. James (eds.), *Development or Deterioration? Work in Rural Asia*. Boulder, CO: Lynne Reinner.

Hartmann, B., and J.K. Boyce. 1983. *A Quiet Violence. View from a Bangladesh Village*. London: Zed Books.

Harvey, D. 2005. *A Brief History of Neoliberalism*. Oxford: Oxford University Press.

Hazell, P., Poulton, S. Wiggins, and A. Dorward. 2007. *The Future of Small Farms for Poverty Reduction and Growth*. Washington: IFPRI(International Food Policy Research Institute). 2020 Discussion Paper 42.

Hilferding, R. 1981[1910]. *Finance Capital*. London: Routledge & Kegan Paul.

Hill, P. 1963. *The Migrant Cocoa Farmers of Southern Ghana*. Cambridge:

Cambridge University Press.

IFAD 2001. *Rural Poverty Report 2001: The Challenge of Ending Rural Poverty.* Rome: International Fund for Agricultural Development.

Kautsky, K. 1988[1899]. *The Agrarian Question.* Two volumes. P. Burgess trans. London: Zwan.

Kay, C. 1974. "Comparative Development of the European Manorial System and the Latin American Hacienda System." *Journal of Peasant Studies,* 2, 1.

Kay, G. 1975. *Development and Underdevelopment.* London: Macmillan.

Kerkvliet, B.J. Tria. 2009. "Everyday Politics in Peasant Societies (and Ours)." *Journal of Peasant Studies* 36, 1.

Kitching, G. 1982. *Development and Underdevelopment in Historical Perspective.* London: Methuen.

_____. 2001. *Seeking Social Justice through Globalization,* University Park, PA: Pennsylvania State University Press.

Kloppenburg Jr, J.R. 2004. *First the Seed. The Political Economy of Plant Biotechnology.* Second edition. Madison: University of Wisconsin Press.

Koning, N. 1994. *The Failure of Agrarian Capitalism: Agrarian Politics in the United Kingdom, Germany, the Netherlands and the USA, 1846-1919.* London: Routledge.

Lenin, V.I. 1964a [1899]. *The Development of Capitalism in Russia: The Process of the Formation of a Home Market for Large-Scale Industry.* In Collected Works Volume 3, Moscow: Progress Publishers.

_____. 1964b [1916]. *Imperialism, The highest Stage of Capitalism.* In *Collected Works Volume 22,* Moscow: Progress Publishers.

Low, D.A. 1996. *The Egalitarian Moment: Asia and Africa 1950-1980.* Cambridge: Cambridge University Press.

Mamdani, M. 1987. "Extreme but not Exceptional: Towards an Analysis of the Agrarian Question in Uganda." *Journal of Peasant Studies* 14, 2.

_____. 1996. *Citizen and Subject: Contemporary Africa and the Legacy of Late Colonialism.* Cape Town: David Philip.

_____. 2009. *Saviors and Survivors: Darfur, Politics and the War on Terror.*

London: Verso.

Mann, S.A., and J.M. Dickinson. 1978. "Obstacles to the Development of a Capitalist Agriculture." *Journal of Peasant Studies* 5, 4.

Martinez-Alier, J. 2002. *The Environmentalism of the Poor*. Cheltenham: Edward Elgar.

Marx, K. 1973. *Grundrisse: Foundations of the Critique of Political Economy (Rough Draft)*. Harmondsworth: Penguin(from Marx's notebooks of 1857-8; Martin Nicolaus, trans.).

_____. 1976[1876]. *Capital*. Volume I. Ben Fowkes, trans. Harmondsworth: Penguin.

Mazoyer, M. and L. Roudart. 2006. *A History of World Agriculture from the Neolithic Age to the Current Crisis*. London: Earthscan.

Mbilinyi, M. 1990. "Structural Adjustment, Agribusiness and Rural Women in Tanzania." In H. Bernstein, B. Crow, M. Mackintosh and C Martin (eds.), *The Food Question*. London: Earthscan and New York: Monthly Review Press.

McMichael, P. 2006. "Reframing Development: Global Peasant Movements and the New Agrarian Question." *Canadian Journal of Development Studies* 27, 4.

Mendes, C. 1992. "The Defence of Life." *Journal of Peasant Studies* 20, 1.

Moore Jr., Barrington. 1966. *Social Origins of Dictatorship and Democracy: Lord and Peasant in the Making of the Modern World*. Boston: Beacon Press.

Moore J.W. 2003. *"The Modern World-System as Environmental History? Ecology and the Rise of Capitalism." Theory & Society* 32, 3.

_____. 2010a. "'Amsterdam is Standing on Norway.' Part I: The Alchemy of Capital, Empire, and Nature in the Diaspora of Silver, 1545-1648." *Journal of Agrarian Change* 10, 1.

_____. 2010b. "'Amsterdam is Standing on Norway.' Part II: The Global North Atlantic in the Ecological Revolution of Seventeenth Century Capitalism." *Journal of Agrarian Change* 10, 2.

Myrdal, G. 1968. *Asian Drama: An Inquiry into the Poverty of Nations*. three volumes. New York: Pantheon Books.

Panitch, L., and C. Leys. 2000. "Preface." In L. Panitch and C. Leys (eds.), *The Socialist Register 2001*. London: Merlin Press.

Patel, Raj. 2007. *Stuffed and Starved: Markets, Power and the Hidden Battle for the World's Food System*. London: Portobello Books.

Peters, P.E. 1994. *Dividing the Commons: Politics, Policy and Culture in Botswana*. Charlottesville: University of Virginia Press.

_____. 2004. "Inequality and Social Conflict over Land in Africa." *Journal of Agrarian Change* 4, 3.

Polanyi, K., 1957[1944]. *The Great Transformation: The Political and Economic Origin of Our Time*. Boston: Beacon Press.

Pomeranz, K. 2000. *The Great Divergence: China, Europe and the Making of the Modern Economy*. Princeton: Princeton University Press.

Post, C. 1995. "The Agrarian Origins of US Capitalism: The Transformation of the Northern Countryside Before the Civil War." *Journal of Peasant Studies* 22, 3.

Pottier, J. 2002. *Re-Imagining Rwanda: Conflict, Survival and Disinformation in the Late Twentieth Century*. Cambridge: Cambridge University Press.

Preobrazhensky, E. 1965[1926]. *The New Economics*. Brian Pearce, trans. Oxford: Clarendon Press.

Richards, P. 1986. *Coping with Hunger: Hazard and Experiment in an African Rice Farming System*. London: Allen & Unwin.

Sahlins, M. 1972. *Stone Age Economics*. Chicago: Aldine.

Schwartz, H.M. 2000. *States versus Markets: The Emergence of A Global Economy*. Second edition. Houndmills, Basingstoke: Palgrave.

Scott, J.C. 1985. *Weapons of the Weak: Everyday Forms of Peasant Resistance*. New Haven: Yale University Press.

_____. 2005. "Afterword to 'Moral Economies, State Spaces, and Categorical Violence'." *American Anthropologist* 107, 3.

Sen, A. 1981. *Poverty and Famines*. Oxford: Oxford University Press.

Sender, J., and S. Smith. 1986. *The Development of Capitalism in Africa*. London: Methuen.

Shanin, T. 1986. "Chayanov's Message: Illuminations, Miscomprehensions, and the Contemporary 'Development Theory'." In A.V. Chayanov, D. Thorner, B. Kerblay and R.E.F. Smith (eds.), *The Theory of Peasant Economy*. Second edition. Madison: University of Wisconsin Press.

Shelley, T. 2007. *Exploited: Migrant Labour in the New Global Economy*. London: Zed Books.

Silver, B.J., and G. Arrighi. 2000. "Workers North and South." In L. Panitch and C. Leys (eds.), *Socialist Register 2001*. London: Merlin Press.

Stolcke, V., and M.M. Hall. 1983. "The Introduction of Free Labour on São Paulo Coffee Plantations." *Journal of Peasant Studies* 10, 2/3.

Stoler, A. 1985. *Capitalism and Confrontation in Sumatra's Plantation Belt, 1870-1979*. New Haven: Yale University Press.

Striffler, S. 2004. "Class Formation in Latin America: One Family's Enduring Journey between Country and City." *International Labor and Working-Class History* 65.

Therborn, G. 2007. "After Dialectics: Radical Social Theory in a Post-Communist World." *New Left Review* (NS) 43.

van der Ploeg, J.D. 2008. *The New Peasantries: Struggles for Autonomy and Sustainability in an Era of Empire and Globalization*. London: Earthscan.

von Freyhold M. 1979. *Ujamaa Villages in Tanzania: Analysis of a Social Experiment*. London: Heinemann.

Wallerstein, I. 1979. *The Capitalist World-Economy*. Cambridge: Cambridge University Press.

Warren, B. 1980. *Imperialism: Pioneer of Capitalism*. London: Verso.

Weis, T. 2007. *The Global Food Economy: The Battle for the Future of Farming*. London: Zed Books.

Whitcombe, E. 1980. "Whatever Happened to the Zamindars?" In E.J. Hobsbawm, W. Kula, A. Mitra, K.N. Raj and I. Sachs (eds.), *Peasants in History: Essays in Honour of Daniel Thorner*. Calcutta: Oxford University Press.

Williams, G. 1976. "Taking the Part of Peasants." In P. Gutkind and I. Wallerstein (eds.), *The Political Economy of Contemporary Africa*. Beverly Hills, CA: Sage.

Wolf, E. 1966. *Peasants*. Englewood Cliffs, NJ: Prentice Hall.

———. 1969. *Peasant Wars of the Twentieth Century*. New York: Harper and Row.

Wolford, W. 2003. "Producing Community: The MST and Land Reform Settlements in Brazil." *Journal of Agrarian Change* 3, 4.

Wood, E. Meiksins. 2003. *Empire of Capital*. London: Verso.

World Bank. 2007. *World Development Report 2008: Agriculture for Development*. Washington: World Bank.